WALTRAUD JÄGER   NORBERT JANESCH

SPARGEL ZWISCHEN ALPEN UND ADRIA

Waltraud Jäger Norbert Janesch

SPARGEL

ZWISCHEN ALPEN UND ADRIA

ERDE WACHSTUM ERNTE KÜCHE

Rezepte von
Ami Scabar und Sissy Sonnleitner

VERLAG johannes heyn

Layout: typedesign Klagenfurt
Druck: Druckerei Theiss GmbH, A-9431 St. Stefan i. Lavanttal, www.theiss.at
ISBN 978-3-7084-0522-3

Inhalt

Veit Heinichen

Geh wohin der Spargel wächst

Es hat seinen jährlichen Rhythmus: Stets zur gleichen Zeit wünscht mich die Liebste zum … Aber nein, der Teufel hat im Lavanttal sowieso nicht die geringste Chance, da wacht schon das nahe Stift Sankt Paul darüber. Sie schickt mich zum Kammerhof der Familie Jäger, wo's der Leibhaftige auch nicht besser hat, gehörte das Anwesen doch in früherer Geschichte zum Bischofssitz in Sankt Andrä. Ich aber lass mich nicht zweimal beten, schließe mich mit meinem Freund Niko aus dem Dorf Santa Croce hoch über dem Triestiner Golf kurz – und schon fahren wir wie die Besessenen gen Norden. Ins Lavanttal finden wir sowieso fast mit geschlossenen Augen. Das monotone Kanaltal bleibt sprichwörtlich links liegen, die kürzeste Strecke geht an Ljubljana vorbei und über den Jezerski vrh, den Seebergsattel. Sie ist schöner, passt somit zur Mission, und da man nie mit leerem Magen einkaufen soll, bringt sie uns direkt zur ersten Station des Ausflugs: Die Traube am Fuße des Stiftshügels von Sankt Paul. Richard und Gisela Poppmeier in ihrem prächtigen, jahrhundertealten Gasthaus zu treffen, ist jedes Mal eine große Freude. Und fast drei Stunden Fahrt machen durstig und hungrig. Dort gesellt sich zum opulenten Mittagsmahl Waltraud Jäger, die am Kammerhof von Sankt Andrä aufgewachsen ist, mit ihrem Mann Norbert Janesch zu uns. Den Poppmeiers liefern sie dabei den tagesfrisch geernteten und bereits geschälten weißen Spargel – wir tippen darauf, dass das nur ein willkommenes Alibi ist, um in diesen arbeitsintensiven Wochen ein paar Stunden vom Hof zu fliehen und den Rücken zu schonen. Niko und ich bringen die autochthonen Weine vom Karst mit, feinstes Olivenöl aus dem Rosandratal bei Triest und eingelegte delikate Sardellen. Hochprämierte Erzeugnisse. Der Tauschhandel über die Grenzen will schließlich gepflegt sein. Überhaupt sind das mit den Jahren wunderbare Freundschaften geworden, von der Adria ins Lavanttal und umgekehrt – je nachdem wer Zeit hat.

Spargel aus dem Lavanttal
Kammerhof Familie Jäger

Kammerhof

Kulinarisch haben die beiden Gegenden etwas gemeinsam. Das Lavanttal, der Golf von Triest, der Karst?, fragt sich nun mancher Leser. Auch wenn die Zutaten sich stark unterscheiden, kein silbern glänzender Wolfsbarsch, kein Thunfisch und keine Makrele, kein zartes Tintenfischlein oder delikate Meeresheuschrecken in der Lavant schwimmen. Auch wenn's bei uns im Süden längst nicht so weit her ist mit den Äpfeln, so zeichnen sich beide Gebiete ganz einfach durch ein auffällig hohes Qualitätsbewusstsein aus, wo kulinarische Besonderheiten nicht grobschlächtig oder mit falschem Schick zubereitet werden, sondern wo Menschen mit besonderer Passion und Professionalität sich ihren Produkten widmen.

Natürlich gibt es Spargel auch bei uns, im sandigen Boden nahe der Isonzo-Mündung bei Fossalon oder in der Ebene bei Gorizia, doch es gibt triftige Gründe für eine solch gezielte Reise. Die Liebste hat mich losgeschickt, als Spitzenköchin macht Ami Scabar bei der Qualität ihrer Zutaten keine Kompromisse, sie weiß genau Bescheid und ist äußerst penibel. Und sie schimpft soeben mit mir am Telefon, dass sie schon wieder nicht mit ins Lavanttal kommen konnte, weil sie im Restaurant in der Fron ist. Das ist in etwa so, als zeterte ich mit dem freundlichen Postboten, obwohl er ganz gewiss nichts dafür kann, dass mein Verlag mal wieder die falsche Adresse auf das Paket mit den Belegexemplaren des druckfrischen Romans geschrieben hat. Ich verspreche also hoch und heilig, dass wir dann gleich an ihrem nächsten Ruhetag gemeinsam hochfahren. Wie jedes Jahr ... Unter dem Stift zu lügen wäre nun wirklich allzu kühn, selbst wenn eine mächtige Felswand die Traube der Poppmeiers vom Kloster trennt. Man sollte sich nicht zu sicher sein, der Abt mag's vielleicht verzeihen, die Liebste gewiss nicht.

Lebensmittel werden nicht umsonst als solche bezeichnet. Sie sind Teil unserer Kulturgeschichte und unseres Wirtschaftskreislaufs, in dem allzu oft gemauschelt und übel getrickst wird. Die Ethik des Umgangs mit sich selbst und mit den anderen, drücken wir mit unserem Interesse an ihnen aus. Sie näher zu betrachten ist eine Bereicherung, sich auf die Spuren zu machen und zu sehen, wo sie herkommen, wird manchmal ernüchternd sein.

Spargel aus allen Kontinenten drängt zu jeder Jahreszeit in den Markt: Im Winter kommt der aus Südamerika in die Supermarktregale, die Chinesen sind genauso eifrig dabei, doch schon in Europa gibt es gehörige Unterschiede, und manchmal wird auf der Packung selbst die Herkunft noch nebulös durch die Angabe verschleiert, wo er lediglich regalgerecht konfektioniert wurde. Sogar die orthodoxen Mönche auf dem Berg Athos erledigen diesen zweifelhaften Job. Der Irrglaube, man spare viel Geld, indem man gleichgültig Einkäufe tätigt, ist meist nur eine Ausrede. Gezielt einzukaufen, die gesuchte Qualität in der richtigen Menge und am richtigen Ort zur richtigen Jahreszeit, will bedacht sein. Die unzähligen Kochsendungen im Fernsehen und Rezepte in Zeitschriften übergehen meistens leichtfertig diesen Aspekt. Wer den Spargel im Geschäft sieht, wird zunächst von seinem Äußeren angezogen, dann fällt der Blick auf den Preis und den Produktionsort. Ein Glück hingegen, ihn dort zu erwerben, wo er wächst.

Auf dem Kammerhof bei Sankt Andrä wird in den wenigen Wochen seiner Hochzeit ohne Unterlass geschuftet. Seit über achtzig Jahren baut die Familie Jäger hier Spargel an, inzwischen in der vierten Generation. Hannes Jäger und sein Neffe Christian führen uns durch das Anwesen.

Es öffnet die Augen und schult die Sinne die Felder zu sehen, auf denen er von Mitte April bis Anfang Juni unbändig zum Licht strebt, so die Natur den Bauern wohl gesonnen ist. Die Erde zu berühren, in der er wächst, ist sinnlich. Welch Aufwand muss das sein, während des Rests des Jahres solche Felder zu pflegen und auf sein nächstes Comeback vorzubereiten! Samtweich, fein, locker und kein Steinchen, das im Schwemmland der Lavant seinen Weg behindern könnte. Es ist ein nährstoffreicher Boden, der keinen Dünger braucht und diesem Spargel seine Besonderheit verleiht. Die Ernte gleicht einem Wettlauf mit der Zeit. Da werden täglich mehrmals Folien angehoben, dort welche aufgelegt. Die Hand, welche die Erde abhebt, wird von einem geschulten Blick geführt, der von weitem schon erkennt, wo der Trieb sie bald durchstoßen würde. Geübte Stiche mit dem Messer, ein sanfter Griff, der ihn unversehrt herauszieht, in den Korb legt und anschließend die Erde wieder sorgsam versiegelt. Heute hat der Abt schon früh für schönes Wetter gesorgt, man will nicht wissen, wie es bei Regengüssen zu arbeiten ist, wenn der gute Mann einmal länger schläft. Die Natur ruht nie, die Pflanze erinnert uns daran, dass wir sie nicht beherrschen können und ihr dienen müssen.

Neben dem alten Mutterhaus mit den Malereien an der Fassade und den schönen Ziegelgitterfenstern am Stadel steht die Halle, wo die Ernte sofort nach dem Einbringen verarbeitet wird. Große Umtriebigkeit herrscht, die Familie ist vereint, sogar Hannes' und Waltrauds Schwester Eva kommt extra aus Rom angereist, um Hand anzulegen. Die weißen oder grünen Stangen werden sogleich gewaschen und in eisigem Wasser gekühlt. Unzählige Frauen und Männer wuseln herum, Verarbeitungsanlagen kontrollieren Länge, Volumen und optisches Erscheinungsbild, schneiden und sortieren. Daneben ein Gerät, das unsere Aufmerksamkeit besonders anzieht. Welcher Teufel hat den automatischen Spargelschäler erfunden? Den Menschen ersetzt er aber doch nicht ganz. Zwei Personen begutachten Stange für Stange und korrigieren eventuelle Unvollkommenheiten. Dabei scheint alles ganz ruhig zuzugehen, das Tempo ist konstant, die Schichten sind unendlich lang. Qualität verlangt skrupulöse Sorgfalt und ein scharfes Auge. Die Gastronomen unter den Kunden wissen den Service zu schätzen. Viele von ihnen haben den Spargel aus dem Lavanttal zum König der Saison gemacht.

Der Kopf schwirrt von den weitreichenden Erklärungen, der ausgiebige Rundgang hat uns erschöpft. Spargel sei leicht, dachten wir. Fürs Essen gilt das trefflich, beim Erforschen stellt er sich überaus komplex dar. Doch es soll einen Einhalt geben. Und wieder trauen wir unseren Augen nicht. Hans Köstinger ist ein Alchimist: Er betreibt Obstbau in allen Varianten im Lavanttal, züchtet und veredelt alte Apfelsorten und gibt sich nie zufrieden. Bis hin zu seinen sortenreinen Apfelweinen, gesundem Essig und köstlichen Bränden. Einer der schwierigsten freilich wird das Spargeldestillat sein. Mit blitzenden Augen entkorkt Köstinger die Flasche, die er vermutlich erst vor kurzem mit dem ersten Destillat aus dieser Saison halb gefüllt hat, und schenkt ein. Wir genießen staunend und schweigen voller Demut. Auch diese Kunst will erst verstanden werden.

Am Hofverkauf nebenan hat sich eine Schlange gebildet. Seit über fünfzig Jahren regiert diesen Bereich Mutter Stefanie. Mit wachen Augen hat sie die Situation unter Kontrolle und gibt den Kunden unermüdlich Auskunft über die Sorten und bei Wunsch Hilfe für den Einkauf.

Kammerhof

FRISCHE QUALITAT

Was man im Supermarkt und auch beim Feinkosthändler vergebens sucht, findet sich hier: Neben den schönsten blendend weißen, schnurgerade gewachsenen und dicken Spargelstangen, oder den perfekten grünen, findet sich alles. Etwas dünnere im Abteil daneben, krumme dort, verlockende Köpfchen da und sogenannter Bruch daneben. Den Geschmack verändert die Form wohl kaum. Doch wie mich die Liebste vor Jahren gelehrt hat, kann man mindestens drei Gerichte aus den üblichen Spargelstangen kreieren. Mit dem dicken Ende die Suppe, die Köpfchen in diagonalen feinen Scheiben roh zum Salat verwandeln, die Mitte zum Dämpfen. Oder man beschließt andere Varianten. Die Bestellung fällt nicht schwer. Bei umgeklappter Rückbank haben wir im Wagen Platz für viele Kisten. Priorität hat selbstverständlich die Lieferung für Amis Restaurant, andererseits schlagen mein Freund Niko und ich auch privat zu, bevor wir uns auf die Rückfahrt begeben. Es ist einmal ein anderes Geschenk, ausgesuchten Freunden diese Köstlichkeit mitzubringen. Sie erwarten es eigentlich schon fast und machen dennoch große Augen vor Freude. Und der Liebsten bring ich keinen Blumenstrauß, auch der Spargel gehört zu den Lilien.

Sissy Sonnleitner und Ami Scabar, zwei unvergleichliche Meisterinnen ihres Fachs, bereichern uns auch in diesem Buch mit ihrem Können und ihrer Leidenschaft. Norbert Janeschs großartige Fotografien führen ihre Rezepte und den Spargel aus dem Lavanttal während des gesamten Jahresverlaufs suggestiv vor Augen. Und Waltraud Jäger geleitet den Leser durch die Geschichte des Hofs, die Entwicklung des Anbaus und durch die Welt des Spargels. Vom Feld bis auf den Teller – ein Hoch dem König Spargel.

SPARGELZEIT

Spargelzeit

Es ist das erste zarte Grün im Jahr, es sind die Tage der ersten milden Frühlingsluft, wenn bei uns im Lavanttal die Spargelzeit beginnt.

Der Hof ist dann schon längst aus dem Winterschlaf erwacht, die Vorarbeiten auf den Feldern sind gemacht, da wird noch der Verkaufsraum frisch gestrichen, werden die Erntekisten gewaschen und geschlichtet, die Akkus aufgeladen, die später die kleinen „Spinnen“ auf den Äckern antreiben, die jeden Tag die Folien aufheben, damit unsere Mitarbeiter darunter den Spargel stechen können. In der Werkstatt stehen die Spargelmesser zum Schleifen, im Büro liegen die Karten und Kuverts bereit, die verschickt werden, um den Beginn der Ernte anzukünden.

Wird es ein gutes Spargeljahr, eine gute Ernte? Werden wir vor dem Muttertag genug Spargel haben oder werden die Eismänner kalte Tage bringen? Werden wir genug Abnehmer finden oder werden womöglich unsere Kühlmöglichkeiten nicht ausreichen? Es sind jedes Jahr zur gleichen Zeit die gleichen Fragen, es ist immer wieder diese Sorge, auch nach über achtzig Jahren, die der Spargelanbau im Lavanttal zu uns, zu unserem Kammerhof und unserer Familiengeschichte gehört.

Von Mitte April bis Ende Mai gibt es – jetzt bereits über vier Generationen – nur ein Thema: Spargel.

Es war noch kühl und frisch in der Dämmerung, im Morgengrauen, wenn wir mit den Eltern auf den Feldern mit der Ernte angefangen haben. Die Sonne ist langsam hinter der Koralm heraufgekommen und wir haben uns im ersten Tageslicht auf die Suche nach den kleinen weißen oder schon etwas rosa gefärbten Köpfen gemacht, um sie vorsichtig auszugraben und abzuschneiden, zu „stechen“, wie man sagt.

Mit dem Spargelstechen sind wir aufgewachsen und in diese Tradition hineingewachsen.

Und wenn wir heute über den Hof gehen, erinnert der alte Brunnentrog im Schatten der großen Linde an die Anfänge des Spargelanbaues im Lavanttal:

Es war Ende der 1920er Jahre. Viele Höfe im Land kämpften ums wirtschaftliche Überleben und waren stark verschuldet. Die Preise für landwirtschaftliche Produkte erreichten einen Tiefstand. Grund musste verkauft werden, viele Bauern mussten auswärts Geld dazuverdienen. Auch die Situation am Kammerhof war schwierig und unser Großvater, Mathias Jäger, ging nach Deutschland, zum Landvermessen.

Im Nordwesten Baden Württembergs, in der Nähe von Heidelberg, entwickelte sich damals Schwetzingen zur „Hauptstadt des Spargels". Unser Großvater fand Geschmack und Gefallen an den weißen Sprossen, beschloss, sich mit dieser Kultur auseinanderzusetzen und überbrachte seiner Frau Erna im Frühjahr 1931 die ersten Spargelpflanzen.

Damit begann am Kammerhof eine neue Pflanze heimisch zu werden, die die Familiengeschicke über Jahrzehnte bestimmen sollte.

In 13 Reihen wurden die ersten Pflanzen, die Mathias Jäger aus Deutschland brachte, gesetzt. Hinter dem Schweinestall auf einem leichten Hang zum Bach hinunter. Mühsam war es, tiefe Rinnen in den Boden zu pflügen, ein alter Pferdepflug wurde umgebaut, um die Furchen zu ziehen, um die feinen Pflanzen in die Erde zu bringen. Zwei Jahre später dann die erste Spargelernte außerhalb eines Guts- oder Klostergartens im Lavanttal. Anfangs fehlten noch die Abnehmer, war der Spargel in der Region weithin unbekannt. Die feinen Stangen standen damals bestenfalls in Schlössern und Herrenhäusern am Speiseplan und die Kunden am Kammerhof waren, wie es die Großmutter immer wieder erzählt hat, die feinen Herrschaften, die Richter und Ärzte aus der Stadt. Bald reichte der Ertrag, um Interessenten in Klagenfurt und Villach zu beliefern, und auch, um den Spargel am Markt in Graz und in Leoben zu verkaufen. Aber die wirtschaftliche Situation war immer noch schwierig, viele hatten nicht einmal das Notwendigste und wer sollte sich da schon ein Gemüse leisten, das damals schlicht ein Luxus war ... Großvater Mathias, der mit dem Unimog über die Pack gefahren ist, war einmal so enttäuscht darüber, keine Abnehmer gefunden zu haben, dass er eine ganze Ladung in die Mur kippte.

Aber ans Aufhören dachte niemand, hat doch der Spargel, wie die Großmutter immer sagte, den Hof über die schwierigen Jahre vor dem Krieg und über den Krieg gebracht.

In den 1950er Jahren übersiedelten die Felder mit den Großeltern zu ihrem Auszughäuschen beim Dampfkraftwerk. Zwei Hektar wurden nun angebaut und die Anbaumethoden den modernen Standards in Deutschland angeglichen. Beim Schmied Max Richter wurde ein erster Pflug mit Mahlblechen bestellt, um die Dämme besser aufzubereiten, aus alten Bajonetten wurden Spargelmesser gemacht. Dazu wurden diese Aufsteckmesser an der vorderen Spitze gespalten und geschliffen, um so die Spargel tief in der Erde, knapp über dem Wurzelstock zu stechen.

Und der Großvater hatte einen großen Betontrog zum Spargelwaschen gegossen. So konnte man – für damalige Verhältnisse – schon recht gut arbeiten. Der Bulldog zog den Pflug, geerntet wurde mit den improvisierten Spargelmessern, für die Ernte gab es gebundene Weidenkörbe. Am Ende der Spargelreihen – bei uns nennt man sie „Rinstln“ –

wurden die Sprossen in einen größeren Korb, den „Bucklkorb“, umgeschlichtet und am Rücken zum Waschen getragen. Die Körbe haben wir dann in den bis oben mit Wasser gefüllten Trog gesenkt, sodass die zarten Stangen richtig heraus schwimmen konnten. Nach ein wenig Wartezeit, wenn sich die Erde vom Spargel abzulösen begann, haben wir angefangen, jeden Spargel einzeln „herauszuwaschen“.

Und wenn die Ernte selbst durchaus Männersache war, beim Waschen und Sortieren waren die Frauen und Kinder dran. Stück für Stück wurden die Stangen aus dem eiskalten Wasser gefischt, auf ein Holzbrett, das wir über den Trog gelegt haben, geschlichtet, von dort auf einen Tisch gehoben und wieder Stück für Stück mit einem langen, scharfen Messer geschnitten. Die holzigen unteren Enden mussten entfernt werden.

Anfang der 1960er Jahre übersiedelte der Spargel vom Alterssitz der Großeltern wieder zurück auf den Kammerhof, etwa fünfhundert Meter entfernt. Und damit wurde auch der schwere Wassertrog in die Mitte der Hofstelle überbracht, wo er heute noch steht.

Es waren nun drei Hektar, die am Kammerhof kultiviert wurden, bald kamen zwei weitere dazu. Auch die Sorten veränderten sich: Wurde anfangs der „Ruhm von Braunschweig" angebaut, waren es später der „Schwetzinger Meisterschuss" und „Huchels", eine Sorte, die nach dem deutschen Spargelzüchter August Huchel benannt wurde, die bessere Erträge und schon eine verbesserte Qualität brachte.

Auch technisch gab es Fortschritte: Der erste Scheibenpflug wurde gebaut, ein richtiger Dammpflug, eine erste Fräse kam 1980 aus Deutschland, das war der Dammprinz. Damit konnte die Bodenbearbeitung erleichtert und verbessert werden, und das war wichtig, denn die Anbaufläche wuchs und wuchs: Ab dem Jahr 2000 waren es schon 15 Hektar, heute sind es 22.

BODEN UND KLIMA

Boden und Klima

Das Lavanttal ist mit der Beschaffenheit der Felder nur bedingt für den Spargelanbau geeignet. Der Boden enthält einen hohen Lehmanteil und meist Steine und Schotter. Für die Spargelkulturen suchen wir Schwemmland oder Felder mit Ansandungen entlang der Lavant. Allerdings ist die Erde dieser Gegend gehaltvoller als reine Sand- und Lößböden, das macht den Spargel hier geschmackvoller.

Was das Klima anbelangt, so ist das Lavanttal begünstigt: Seine Nord-Süd-Ausrichtung und die Kessellage fördern ein eigenes Mikroklima. Daher wird es wohl auch das „Paradies Kärntens" genannt. Für den Spargelbau in dieser Gegend bedeutet das, es kann in einem trockenen Frühjahr eine sehr frühe Ernte geben, die in den ersten Apriltagen beginnt. Ist allerdings ein Mittelmeertief wetterbestimmend, kann es bis Mitte April kühl und regnerisch sein, sodass sich der Erntebeginn auf das letzte Drittel des April verschiebt. Und im Übrigen gilt: Wenn bei uns noch Schnee liegt, ist an Spargel aus dem Lavanttal nicht zu denken.

ERST WEISS, DANN GRÜN

Erst weiß, dann grün

In Sachen Spargelanbau liegen wir in Kärnten gewissermaßen an der Schwelle zwischen Weiß und Grün. Tradition hat hier der Weiße, so wie wir ihn aus Deutschland übernommen haben. Allerdings reicht vom Süden her die Kultur des grünen Spargels bis in unsere Breiten.

Am Kammerhof wurde bis Mitte der 1990er Jahre ausschließlich weißer Spargel angebaut, dann änderten sich auch bei uns die Koch- und Essgewohnheiten, die Nachfrage nach Grünspargel stieg und die ersten Kulturen wurden angelegt – heute ist etwa ein Fünftel der Produktion „grün“.

SCHWARZE UND WEISSE FOLIEN

WO
339 BM

Schwarze und weiße Folien

Wer in den Frühlingswochen und während der Ernte an unseren Feldern vorbeifährt, sieht es oft von Weitem glitzern und glänzen; Wer im Flugzeug über die Koralm kommt und sich im Landeanflug auf Klagenfurt befindet, erkennt aus großer Höhe die Ausdehnung der großen schwarzen oder weißen mit Folien bedeckten Flecken.

Diese Kunststofffolien haben verschiedene Funktionen: Zum einen erwärmen sie zeitig im Frühjahr den Boden, das Schwarz absorbiert das Sonnenlicht. Zum anderen halten sie die Spargeldämme während der Ernte weitgehend unkrautfrei und vor all dem verhindern sie ein Färben der weißen Spargelköpfe.

Allerdings ist es mühsam, diese Folien aufzubringen und sie jeden Tag anzuheben, um darunter die Spargel herauszustechen. Auf unseren Äckern liegen rund achtzig Kilometer Folie.

SPARGELERNTE

Spargelernte

Der Zeitpunkt für den Beginn der Ernte lässt sich nicht auf den Tag genau festlegen, das entscheidet die Natur, auch wenn man mittlerweile ein wenig nachhelfen kann.

Wenn im Frühjahr der Boden trocknet, wird mit der Bodenbearbeitung begonnen. Lockern, die Dämme anhäufeln, über die dann die Folie gespannt wird. Wenn die Erdtemperatur 10 Grad C erreicht, fängt der Spargel an zu wachsen. Das ist im Lavanttal meist die Zeit um den 10. bis 15. April.

Mittlerweile werden Folien verwendet, die zweifärbig sind: auf einer Seite schwarz, auf der anderen weiß. Solange die Bodentemperatur steigen soll – idealerweise auf 18 bis 22 Grad C –, bleibt die schwarze Seite der Sonne zugewandt. Damit die Innentemperatur nicht mehr als 28 Grad C erreicht, wird gewendet und die weiße Seite kommt nach oben.

Für die Ernte muss die Folie jeden Tag zurückgeschlagen oder mit den „Spinnen" – eigenen, batteriebetrieben fahrenden Geräten – aufgehoben werden, um die Spargel zu stechen. Dabei wird bei jedem Köpfchen, das seinen Weg an die Oberfläche sucht, vorsichtig die Erde weggegraben. Danach sticht man mit einem langen speziellen Spargelmesser entlang des Sprosses in Richtung Wurzelstock, um mit einem leichten Ruck die Stange heraus zu heben. Stück für Stück, Reihe für Reihe, alles in Handarbeit.

Früher, als noch ohne Folie kultiviert wurde, haben wir zweimal am Tag geerntet: im Morgengrauen und nachmittags, damit die Sonne den Spargel möglichst wenig verfärbt. Heute stechen wir nur einmal am Tag. Es dauert aber oft bis in den späten Nachmittag, bis alle Felder abgeerntet sind.

Und das auch an den Sonn- und Feiertagen.

Die Ernte zieht sich über etwa sechs Wochen hin. Früher war immer die Rede vom Johannistag, dem 24. Juni, als letztem Erntetag. Das hängt damit zusammen, dass von diesem Tag an bis zum ersten Frost im Herbst etwa hundert Tage vergehen. Und diese Zeit braucht der Spargel, um ausreichend Assimilate im Wurzelstock zu speichern, um wieder genug Kraft für das nächste Jahr zu sammeln.

Bei uns endet die Spargelsaison in den ersten Junitagen. So haben die Pflanzen nach intensiver Ernte ausreichend Zeit zur Erholung für das nächste Jahr.

Für die Qualität ist entscheidend, welche Bodenverhältnisse herrschen, welche Sorte wo gepflanzt wird, wie alt eine Kultur ist und wie der Spargel nach der Ernte behandelt wird.

HANDARBEIT

Handarbeit

Manchmal kommen Freunde oder interessierte Kunden und möchten einen Tag lang während der Erntezeit am Hof mitarbeiten – ein Abenteuer, das um 6.00 Uhr früh am Acker beginnt. Ausgerüstet mit einem Spargelmesser und einem Korb oder Metallbehälter. Die Folienbahnen werden zurückgeschlagen oder hochgehoben, dann wird nach Rissen im Boden oder den Spargelspitzen gesucht. So arbeitet man sich von einem weißen Köpfchen zum nächsten. Sorgfältig wird ausgegraben und gestochen. Für ungeübte Erntehelfer nicht so einfach, meist produzieren sie in den ersten Stunden großteils Bruchspargel.

Normalerweise haben wir in den letzten April- und ersten Maitagen frühmorgens Temperaturen zwischen 3 und 7 Grad C, tagsüber kann es dagegen schon recht warm werden. Über 25 Grad C in der prallen Sonne, mitten in den schwarzen Folienbahnen, dazu kommt, dass man eigentlich schon seit Stunden Kreuzschmerzen hat und die Spargelreihen kein Ende nehmen. Aber wenn man echt Pech hat, erwischt man das Gegenteil: Die Meteorologen im Land zählen um diese Jahreszeit acht bis neun Regentage im Monat. Und wenn ein Mittelmeertief uns diesen Niederschlag in kurzer Zeit beschert, kann es sein, dass das Wasser zwischen den Dämmen nicht mehr abfließt. Es ist auch schon vorgekommen, dass wir das Wasser abpumpen mussten, weil wir im Matsch versunken sind. Da helfen keine noch so hohen Gummistiefel und kein Regengewand. Auch der Spargel wird schwer, viel mehr Erde bleibt an den Stangen und Erntekörben kleben und muss bis ans Ende der Spargelreihen oder gar bis zum befestigten Weg mitgeschleppt werden, weil keiner unserer Lieferwägen in die durchtränkten Felder fahren kann.

VERARBEITUNG

Lavanttal
Familie Jäger
www.spargel-lavanttal.at

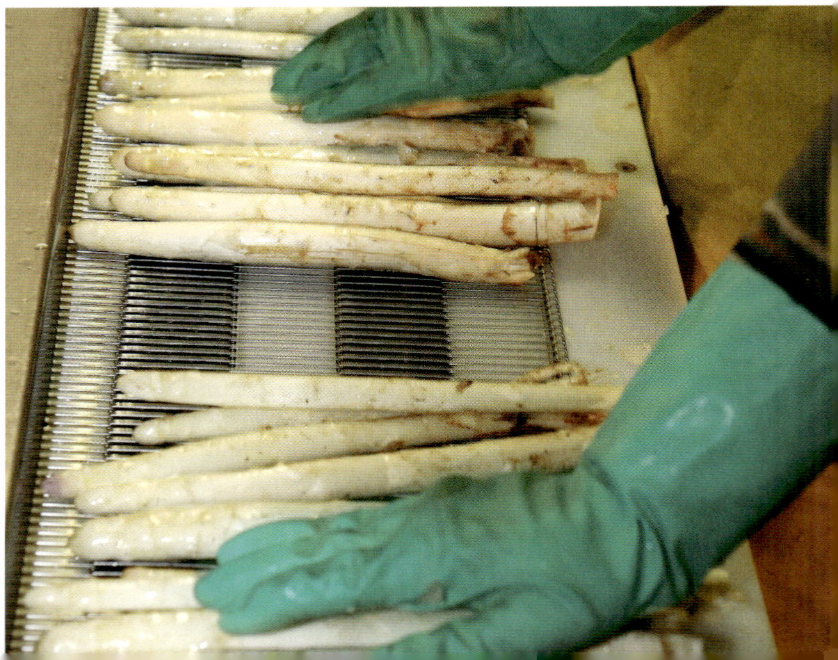

Verarbeitung

Nach dem Stechen soll der Spargel so schnell wie möglich vom Feld geholt werden. Optimal ist es, wenn er etwa spätestens eine halbe Stunde nach der Ernte in kaltem Wasser vorgewaschen und rasch auf 1 Grad C gekühlt werden kann. So bleiben Inhaltsstoffe und die weiße Farbe am besten erhalten.

Waschen, bürsten, die unteren Enden abschneiden und sortieren. Hier arbeiten wir mittlerweile mit modernen Förderbändern, die Stange für Stange in eine computergesteuerte Wasch-, Schneide- und Sortieranlage schicken. Mehrfach von der Maschine fotografiert werden sie je nach Durchmesser, Länge und sonstigen Charaktereigenschaften sortiert. Wenn ein Kopf nicht ganz geschlossen ist oder sich schon leicht verfärbt hat, wenn eine Stange beschädigt ist, das Gerät erkennt jeden Fehler und arbeitet genau.

Die Sortieranlage ist bei uns ausschließlich für weißen Spargel programmiert. Der Grüne kommt auf ein einfaches Förderband und fährt dann durch einen kleinen Waschtunnel, die unteren Enden werden, ähnlich wie bei einer Brotschneidemaschine, von einem sich drehenden Schneidemesser abgeschnitten. Danach wird „handverlesen", wir sortieren nach Durchmesser in zwei bzw. drei unterschiedliche Kategorien. Anschließend soll der Spargel schnell in den Kühlraum zurück bzw. in den Verkauf oder zum Versand.

Was uns sehr wichtig ist:

Wir verwenden absolut keine chemischen Zusätze, weder vor noch während der Verarbeitung, auch nicht zur Lagerung! Der Spargel darf auch keinesfalls gewässert werden (hier schreibt die EU eindeutige Qualitätsnormen vor). Durch das Wässern würde er länger frisch aussehen, allerdings gehen dabei auch die wichtigsten und besten Inhaltsstoffe verloren.

QUALITÄT UND ANGEBOT

Qualität und Angebot

Die EU hat in der Vergangenheit genaue Maße für Spargel vorgeschrieben, jetzt gilt eine „Allgemeine Vermarktungsnorm", die ein Mindestqualitätsniveau sicherstellt. Klassenangaben und Sortiervorschriften sind regional unterschiedlich und werden meist von Handelsketten festgelegt. Wenn Spargel in den Handel kommt, sind Gewichts- und Preisangaben erforderlich, auch der Name des Erzeugers muss kenntlich gemacht werden – leider wird oft nur der des verpackenden Betriebes genannt! Dazu, so heißt es in den Richtlinien, muss der Spargel sauber, unbeschädigt, gesund und frei von Schädlingen sein.

Er muss aber nicht mehr per Vorschrift nach Länge, Durchmesser und Farbe sortiert sein. War bis vor einigen Jahren eine Länge von 23 Zentimetern vorgeschrieben, so kann er jetzt bis zu 27 Zentimeter lang geschnitten und verkauft werden. Nach wie vor aber gilt:

Die Spargel
sollten gleich dick und gerade sein,
sollten keine aufgeblühten Köpfe haben,
sollten innen nicht hohl sein,
müssen farblich sortiert angeboten werden,
und dürfen nicht mehr als 10 Prozent fehlerhafte Ware enthalten.

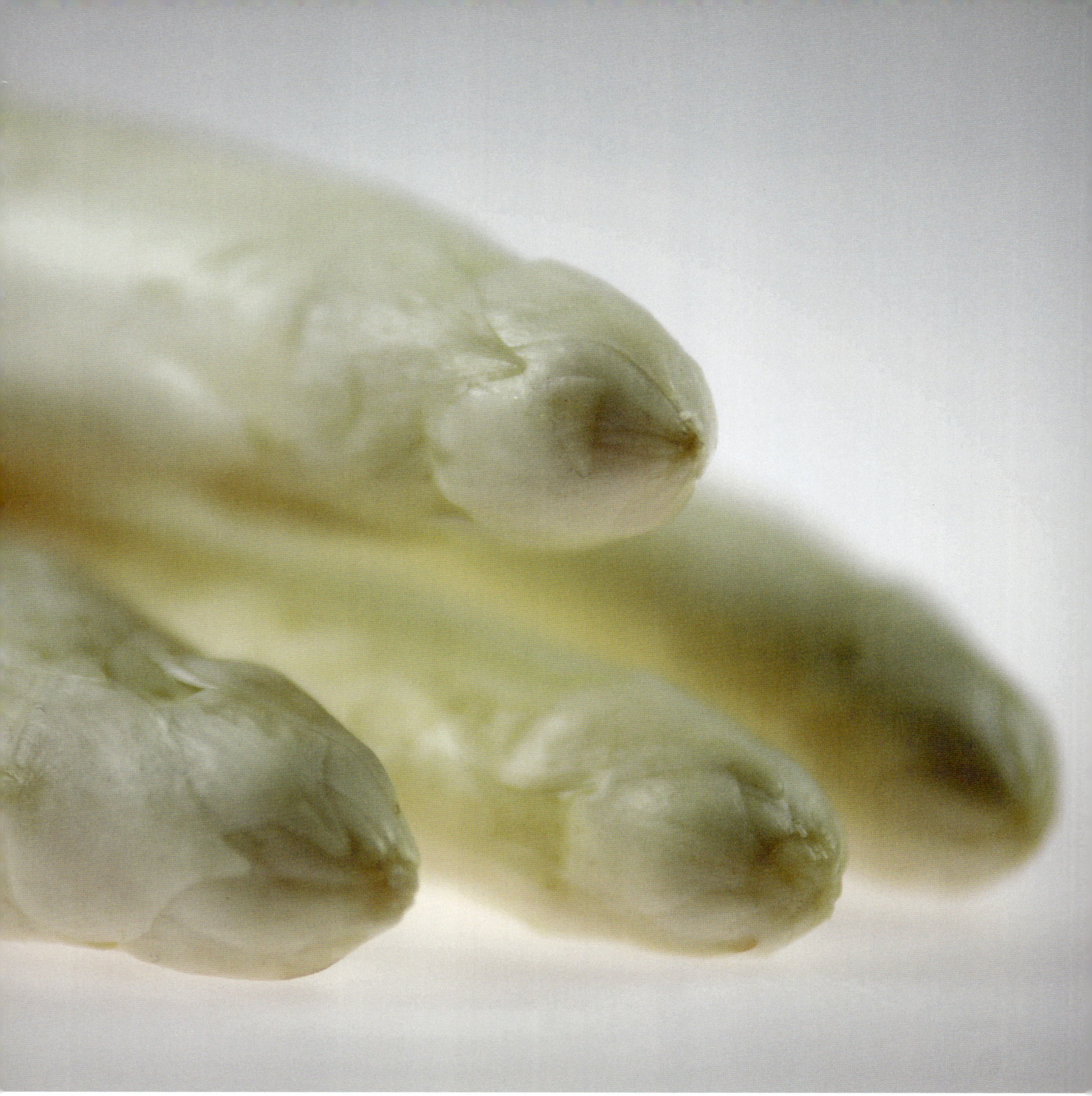

Im Handel ist weißer Spargel im Allgemeinen in drei Klassen zu bekommen:

Extra oder Solo

Die Spargelstangen sind weiß bis violett, haben einen Mindestdurchmesser von 22 Millimetern, die Abweichung innerhalb eines Bundes/einer Verpackung darf nicht mehr als 8 Millimeter betragen, die Köpfe müssen geschlossen sein.

Handelsklasse 1 oder A-Spargel

Der Durchmesser beträgt 16 – 22 Millimeter, auch hier müssen die Köpfe kompakt und geschlossen sein.

Klasse 2 oder B-Spargel

Hier gibt es keine Vorschriften für Gleichmäßigkeit, die Stangen müssen nicht gerade gewachsen sein.

Auch für Grünspargel gelten verschiedene Sortierungen, allerdings ist er im Allgemeinen etwas dünner:

Extra oder Solo grün

10 – 16 Millimeter im Durchmesser

Klasse 1 oder A grün

6 – 12 Millimeter, auch hier dürfen die Abweichungen in einer Packeinheit nicht zu groß sein.

Ab Hof ist dagegen noch Bruchspargel erhältlich, auch Spargelspitzen, etwa zehn Zentimeter lang, werden extra sortiert. Wer nur die Köpfe mag, sie sind etwa zwei bis drei Zentimeter lang, man kann sie, meist auf Vorbestellung, direkt bei uns am Hof bekommen. Hier sollte vor dem Kauf überlegt werden, was aus dem Spargel gemacht wird.

Für Suppe oder Risotto reicht Bruchspargel, wir bieten ihn auf Wunsch auch schon geschält an. Oder man wählt die nicht ganz gerade gewachsenen Stangen – sie sind erheblich kostengünstiger und haben den gleichen Geschmack.

Wenn es während der Ernte zu einer kurzen Hitzewelle kommt und die Spargel besonders schnell sprießen, passiert es, dass die Köpfe nicht geschlossen bleiben. Diese Stangen entsprechen dann nicht den üblichen Handelsklassen und werden extra sortiert. Viele unserer Kunden schätzen aber gerade diese Blüten, oder Blumen, wie sie inzwischen genannt werden, weil sie wirklich sehr zart sind. Wichtig ist hier, mehr noch als bei geschlossenen Köpfen, dass sie frisch verarbeitet werden.

Viele unserer Kunden haben Sonderwünsche. Dabei ist es interessant, dass es so etwas wie eine „Spargelmode" gibt. Tauchen in den Frühlingsausgaben der verschiedenen Illustrierten ähnliche Rezepte auf, steigt die Nachfrage nach einer bestimmten Sortierung. So haben viele Kunden vor einigen Jahren besonders dicke Solostangen verlangt, die dann, in Längsstreifen geschnitten oder auch kurz vorgekocht, paniert wurden. Im folgenden Jahr wurde aus dem „Spargelwiener" schon ein „Spargel Cordon bleu". Dann hieß es bald wieder: Weg von Eiern, Bröseln und viel Fett – in Mode kamen ganz dünne grüne Spargel, die kurz in Olivenöl angebraten wurden. Jede Saison hat so ihre „must eats" ...

Gesund und kalorienarm

Sein Wasseranteil ist sehr hoch (93 bis 96 Prozent), der Rest setzt sich aus etwa 4 Prozent Kohlehydraten, Proteinen und nur 0,2 Prozent Fetten zusammen. Dennoch enthält Spargel viele Mineralstoffe, vor allem Kalium, Kalzium, Phosphor und Stickstoff.

Ob in weißem oder grünem Spargel mehr Inhaltsstoffe enthalten sind, die Unterschiede sind nicht sehr groß. Gesund sind beide.

Auch wichtige Vitamine sind in den Sprossen enthalten: A, C, E und einige der für das Nervensystem wichtigen B-Vitamine. Und dann enthält Spargel noch die Asparaginsäure.

Alles zusammen bewirkt, dass der Spargel eine extrem entwässernde Wirkung hat.
Für den eigenartigen Geruch des Urins nach dem Essen sind vermutlich im Spargel enthaltene Phosphorverbindungen verantwortlich. Aber wenn dabei Gift- und Schlackenstoffe ausgeschieden werden, nimmt man das schon in Kauf. Spargel fördert auch Leber- und Nierenfunktionen und ist dabei ausgesprochen kalorienarm: Ein Kilo Spargel hat rund 200 Kilokalorien (837 Kilojoule), außerdem einen hohen Anteil an unverdaulichen Fasern und ist damit ballaststoffreich.

Menschen, deren Harnsäurewerte hoch sind, sollten aber vorsichtig sein: Purine, die im Spargel enthalten sind, wandelt der Körper zu Harnsäure um. Die Kristalle lagern sich in den Gelenken ab und verursachen Schwellungen und Schmerzen, ein Gichtanfall kann die Folge sein. Spargel enthält zwar nicht mehr Purine als andere Gemüsesorten, Wein, Fisch oder Innereien, aber weil der Spargel nur in einem begrenzten Zeitraum frisch zu bekommen ist, isst man in kurzer Zeit (oft zu) viel.

Spargel ist in der Geschichte der Heilkunde vieler Länder zu finden:

Im alten China war „Asparagus lucidus“ unter der Bezeichnung „Tung Tíen man“ bekannt, als Heilmittel bei verschiedenen Haut- und Lungenerkrankungen, und Spargelfond half

angeblich bei schmerzenden Füßen. Perser, Ägypter und Assyrer erhofften sich durch das Extrakt der Spargelwurzel aphrodisierende Wirkung. Auch die Griechen sammelten die Wurzeln und verwendeten sie getrocknet als Medizin, Hippokrates erwähnt den Spargel 400 v. Chr. als Heilmittel bei Zahnschmerzen. Römische Ärzte verstanden sich auf Rezepturen gegen Nieren- und Blasenleiden und erkannten Wirkstoffe als herzstärkende Mittel. Die Zahl der Leiden, gegen die der Spargel helfen sollte, hat sich mit den Jahrtausenden allerdings ein wenig reduziert ...

Im Mittelalter ist „Asparagus officinalis" in Heilbüchern und Kräuterfibeln aufgeführt.

Auch hier galten die Spargelwurzeln, in Wein gesotten, noch als Arzneien gegen Leberleiden, als Mittel, die Blase und die Nieren zu reinigen. Lauwarm im Mund gehalten, sollten sie auch Zahnschmerzen stillen. Der Wissenstand der damaligen Volksmedizin hat sich etwas überholt, heute gilt im Allgemeinen, dass Spargelkraut oder -wurzeln einen diuretischen Effekt haben und in der Heilkunde zur Behandlung von Erkrankungen der Harnwege und von rheumatischen Beschwerden eingesetzt werden.

FRISCHER SPARGEL

Frischer Spargel

Spargel hält sich ab dem Zeitpunkt der Ernte und bei entsprechender Lagerung (in ein feuchtes Tuch gewickelt im Kühlschrank) einige Tage frisch. Am besten ist er, wenn er wirklich ab Hof gekauft und dann binnen zwei, drei Tagen zubereitet wird. Vielfach wird gesagt und beschrieben, dass frischer Spargel, wenn man zwei Stangen aneinander reibt, „knirscht". Was er ja auch tut, allerdings macht er diese Geräusche auch, wenn er schon eine Woche im Supermarktregal liegt: Man braucht die Stangen nur ein wenig anzufeuchten und schon knirschen sie wieder. Richtig frischer Spargel bricht sehr leicht ab, er hat noch feuchte Anschnittstellen und riecht gut.

Auf keinen Fall darf der Spargel säuerlich riechen – das wäre ein Merkmal für gewässerten Spargel – und die Schnittenden müssen einwandfrei sein. Wenn sie anfangen zu schimmeln oder eingetrocknet sind, sollte man die Finger von ihnen lassen. Auch wenn er „kernfaul" ist, die Stangen in der Mitte von oben bis unten braun und unansehnlich sind, sollte man verzichten und den Spargel statt mitten im Winter wieder im kommenden Frühjahr kaufen.

In vielen alten Rezepten ist zu lesen: „die unteren oder holzigen Enden abschneiden". Nun, mittlerweile haben sich Züchtung und Anbau so entwickelt, dass es kaum noch richtig holzige Spargel gibt. Allerdings kann es passieren, dass Stangen wegen einer längeren Kältephase im Boden stecken bleiben. Dann kann es sein, dass sie nicht so zart sind wie schnell gewachsene Exemplare. Und es ist auch möglich, dass an solchen Tagen oder am Beginn der Erntesaison gestochener Spargel etwas bitter schmeckt. Das ändert sich aber, wenn ein paar warme Frühlingstage kommen und er wieder schnell sprießen kann. Was Spargel übrigens nicht verzeiht: wenn er zu lange im warmen Auto bleiben muss. Nicht, dass er deshalb gleich den Kopf hängen lässt, aber es mindert seine Qualität, wenn er im Plastiksackerl „schmoren" muss.

ZUBEREITUNG

Zubereitung

In unserer Kindheit haben wir oft am Abend noch ein paar „Spitzerln" gekocht. Nach einem langen Arbeitstag hat die Mutter nur die Köpfe vom Spargel mit in die Küche gebracht und auf den Herd gestellt. Das war dann der Lohn für die Mühe auf dem Feld und am Hof. Und wenn ich mich heute zurück erinnere, hatte es einen guten Grund, dass sie nur die Spitzen kochte: Nur das oberste Ende war bis vor dreißig, vierzig Jahren eine echte Delikatesse, denn niemand dachte in unseren Breiten ernsthaft daran, den Spargel vor dem Kochen zu schälen. Vielmehr nahm man das untere Ende der gekochten Stangen mit den Fingern, führte das zarte obere Ende zum Mund und zog die Fasern genüsslich durch die Zähne.

Auch diese Esskultur, über Jahrhunderte in vielen Regionen erhalten, hatte ihre Vorzüge. Aber als sich der Spargelschäler durchsetzte, erkannte man, dass vom edlen Gemüse mehr zu essen ist als nur der obere Teil. Natürlich waren bald Schälmaschinen erfunden und entwickelt.

Grundsätzlich gilt, dass weißer Spargel geschält werden sollte. Am besten ist, man legt ihn der Länge nach in die Hand und zieht mit einem Spargelschäler, oder auch mit einem ganz einfachen Sparschäler, die äußere Schicht rundum gleichmäßig ab. Man beginnt etwa fünf bis sieben Zentimeter unter der Spargelspitze und achtet darauf, dass alle Schalen weggeschält sind, so bleiben später keine langen Fasern am Teller.

Etwa einen halben Zentimeter über der Schnittstelle sollte man das untere Ende abschneiden, so merkt man, ob der Spargel zart ist. Ist er dagegen hart, sollte noch ein wenig nachgeschnitten werden.

Wer mag, kann den Spargel so einfrieren, wofür weißer Spargel besser geeignet ist als grüner. Nur geschält und nicht blanchiert bleibt ein wenig mehr Geschmack erhalten, der aber bei Weitem nicht an jenen von frischem Spargel herankommt.

Mehr als sechs Monate sollte er nicht tiefgekühlt bleiben. Wichtig ist, dass er vor der Zubereitung nicht aufgetaut wird, sondern direkt aus dem Gefrierschrank in kochendes Wasser kommt.

Beim Grünspargel muss die Schale nicht entfernt werden. Trotzdem empfehlen wir, die unteren Enden zu schälen, vor allem, wenn die Stangen knapp über dem Anschnitt weiß bzw. heller grün sind.

Wie der Spargel weiter verarbeitet wird, bestimmt das jeweilige Rezept oder auch die gewohnte Zubereitungsart. Vor vielen Jahren wurde dem Kochwasser noch allerhand beigemengt. Da waren Semmeln zu finden, genauso wie Zitronen oder Milch, sogar Suppenwürze und mitunter sehr viel Zucker kamen ins Salzwasser.

Heute weiß man, dass der Spargel seinen feinsten Geschmack in nur gesalzenem Wasser entfaltet. Wenn er von guter Qualität ist, hat er kaum Bitterstoffe und braucht damit auch keine Beigaben, die sie neutralisieren.

Wie lange der Spargel gekocht wird – von einigen Minuten bis zu einer Viertelstunde –, ist Geschmackssache. Hier reichen die Vorlieben von bissfest bis butterweich, entscheidend ist auch, wie dick die Stangen sind. Sehr gut gelingt Spargel im Dampfgarer.

Braten, schmoren, grillen, überbacken, panieren, karamellisieren ... die Zubereitungsarten sind so vielfältig geworden, die Phantasie scheint unendlich und der Spargel ist doch sehr geduldig ...

Scabar

Ami Scabar

„Diversität ist Reichtum: In Triest treffen viele Geschmacksrichtungen aufeinander. Die Stadt, das Meer, die Aromen der mediterranen Welt, Mitteleuropa, der Karst und die slawischen Einflüsse. All dies versuche ich in meinen Gerichten zu berücksichtigen. Düfte, Geschmack, Traditionen, Kreativität, damit Sie, durch eine Küche in Harmonie mit den Jahreszeiten, dieses wundervolle Gebiet noch besser kennen und lieben lernen."

Ami
Scabar

Spargel mit Butter und Orange

Zutaten für 4 Personen

1 kg grüner Spargel
2 Eidotter
80 g Butter
3 EL frisch gepresster Orangensaft
Schale einer unbehandelten Orange
2 EL Weißweinessig
Salz
Pfeffer

Zubereitung

Spargel am unteren Ende schälen, halbieren und ca. 6 Minuten im Dampf garen.
In einer Pfanne den Weinessig mit 2 Esslöffel Orangensaft erhitzen und auf ein Drittel einreduzieren. Die Pfanne vom Herd nehmen, Butter und Eidotter einrühren. Mit dem restlichen Orangensaft, Salz und Pfeffer abschmecken.
Spargel mit Orangensauce anrichten und Orangenschale darüber reiben. Heiß servieren.

Spargel mit Senfsauce

Zutaten für 4 Personen

1 kg Spargel, weiß und grün gemischt
1 EL Senf pikant
2 EL Balsamico
3 EL Schlagobers
4 EL Olivenöl
Salz

Zubereitung

Spargel schälen, in 5 – 6 cm lange Stücke schneiden und 6 Minuten in Salzwasser kochen. In einer Schüssel Senf, Balsamico, Schlagobers und Olivenöl gut verrühren, sodass eine cremige Sauce entsteht. Spargel abtropfen und abkühlen lassen, mit der Senfsauce übergießen und servieren.

Spargel alla mediterranea

Zutaten für 4 Personen

1 kg grüner Spargel
1 EL Kapern, in Salz eingelegt
2 Knoblauchzehen
100 g Oliven
1 Bund Petersilie
4 EL Olivenöl
Salz
Pfeffer

Zubereitung

Spargel schälen, in 5 – 6 cm lange Stücke schneiden und 6 Minuten in Salzwasser kochen.
Die Kapern unter fließendem Wasser waschen.
Den Knoblauch mit Olivenöl, den Oliven und Kapern in einer Pfanne erhitzen, Spargel und etwas Spargelkochwasser (100 ml) dazu geben und einige Minuten köcheln lassen.
In einem tiefen Teller anrichten und mit gehackter Petersilie bestreuen.

Spargel alla Parmigiana

Zutaten für 4 Personen

1 kg weißer Spargel
100 g Butter
70 g Parmesan, gerieben
Salz

Zubereitung

Spargel schälen und ca. 15 Minuten in Salzwasser kochen, danach abtropfen lassen und in eine feuerfeste Form legen. Mit zerlassener Butter übergießen und mit Parmesan bestreuen.
Im vorgeheizten Backrohr bei 190 Grad C ca. 12 Minuten überbacken. Heiß servieren.

Spargel mit „Salsa mimosa“

Zutaten für 4 Personen

500 g weißer Spargel
4 hartgekochte Eier
Saft einer Zitrone
2 EL Olivenöl
Salz
Pfeffer
1 EL Petersilie, gehackt

Zubereitung

Spargel schälen, in Stücke schneiden und 6 Minuten in Salzwasser kochen.
Die gekochten Eier schälen, mit einer Kartoffelpresse pressen oder mit einer Gabel zerkleinern. Zitronensaft, Olivenöl, Salz, Pfeffer und Petersilie untermischen.
Den Spargel mit der Sauce marinieren und anrichten.

Spargeltagliatelle mit Mozzarellacreme und gesalzenen Sardellenfilets

Zutaten für 4 Personen

12 Stangen weißer Spargel
2 Stk. Büffelmozzarella
20 Sardellenfilets, in Öl eingelegt
Salz

Zubereitung

Den sehr frischen Spargel schälen und mit dem Spargelschäler in lange, dünne „Tagliatelle" schneiden. Diese Streifen mindestens für eine halbe Stunde in sehr kaltes Salzwasser legen, so werden sie knackig, knusprig.
Den Mozzarella mitsamt eigenem Wasser in den Mixbecher geben und mixen, bis eine Creme entsteht.
Die Spargelstreifen auf einem Teller anrichten, die Mozzarellacreme darüber verteilen und die Sardellenfilets darauf legen. Mit etwas Olivenöl und schwarzem Pfeffer abrunden.

Tatar vom Branzino mit mariniertem Spargel und Thymian

Zutaten für 4 Personen

600 g Filet vom Branzino (Wolfsbarsch), sehr frisch, geputzt und ohne Haut
400 g weißer Spargel, sehr frisch
1 EL frischer Thymian
Olivenöl
Salz
Saft einer Zitrone

Zubereitung

Das Filet vom Branzino für 24 Stunden bei minus 20 Grad C (!) kühlen, danach in kleine Stücke hacken. Olivenöl, Salz und Zitronensaft gut verrühren und damit den gehackten Fisch marinieren.
Spargel schälen, mit einem scharfen Messer in sehr dünne Scheiben schneiden und mit Olivenöl und Thymian marinieren.
Auf einem Teller den marinierten Spargel neben dem marinierten Fisch anrichten.

Exotische Suppe mit Spargel und Krabben

Zutaten für 4 Personen

12 Stangen grüner Spargel
20 Stk. Krabben, ausgelöst
1 l Gemüsebrühe, nach Möglichkeit mit frischem Ingwer aromatisiert
1 EL Fischsauce
1 frische Chili-Schote
2 Schalotten
½ EL Krabbenpaste
frisches Basilikum
Pfeffer

Zubereitung

Spargel schälen, in dünne, schräge Scheiben schneiden, die Köpfe beiseite geben.
In einem Mörser die Chilischote (ohne Kerne) zusammen mit den klein geschnittenen Schalotten und dem Pfeffer zerstoßen und alles mit der Krabbenpaste verrühren.
Die Gemüsebrühe langsam mit den Spargelstücken erhitzen, die Chili-Schalotten-Paste einrühren, bei kleiner Flamme 10 Minuten köcheln, dann die Spargelköpfe dazugeben, mit Fischsauce abschmecken.
Krabben und Basilikum dazugeben und noch weitere 3 Minuten leicht kochen.
Zur Suppe kann gekochter Reis serviert werden.

Blätterteigtorte mit Spargel

Zutaten für 4 Personen

300 g fertiger Blätterteig
100 g Ricotta
50 g Latteria, in Würfel geschnitten
50 g Büffelmozzarella, in Stücke geschnitten
1 Ei
100 g Köpfe vom weißen Spargel, in dünne Scheiben geschnitten und gekocht
2 EL Parmesan, gerieben
Salz

Zubereitung

Kleine Tortenformen mit Blätterteig auslegen. Ricotta, Latteria, Mozzarella, Ei, Spargel und Salz mischen und in den Blätterteig füllen, die Teigränder über die Fülle schlagen und im vorgeheizten Backrohr bei 180 Grad C 15 Minuten backen.
Wie eine Torte in Stücke schneiden und anrichten.

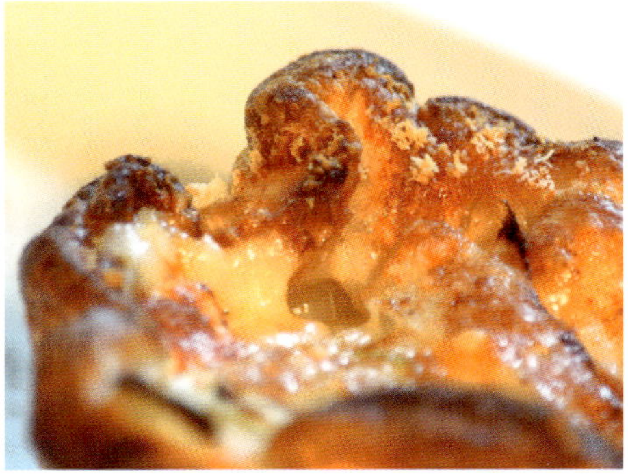

Panzerotti (Ravioli) mit Stracchino und Spargel

Zutaten für 4 Personen

für den Teig:
150 g Mehl Typ 00 und
50 g Hartweizengrieß
3 Eidotter und ein ganzes Ei

für die Fülle:
300 g Stracchino (oder ein etwas säuerlicher Topfen oder Frischkäse)

12 Spitzen vom weißen Spargel, ca. 7 cm lang
Olivenöl
Muskatnuss

Zubereitung

Für den Teig das Mehl mischen, die Eier dazugeben und rasch zu einem geschmeidigen, glatten Teig kneten, ca. eine Stunde rasten lassen. Den Teig ausrollen, Scheiben mit einem Durchmesser von 6 – 7 cm ausstechen und einen Löffel Stracchino daraufsetzen. Teigscheiben in gewünschter Form zu Taschen schließen und in Salzwasser kochen.

Spargelspitzen in dünne Scheiben schneiden und in Salzwasser 3 Minuten kochen, abseihen. Danach 1 – 2 Minuten in heißem Öl schwenken, über die Panzerotti geben und etwas Muskatnuss darüber reiben.

Ravioli Carbonara mit Spargel und Speck

Zutaten für 4 Personen

für den Teig:
150 g Mehl Typ 00 und 50 g Hartweizengrieß
3 Eidotter und ein ganzes Ei

für die Fülle:
4 Eidotter
2 EL Parmesan
schwarzer Pfeffer aus der Mühle

200 g weißer Spargel, geschält und in dünne Scheiben geschnitten
200 g Speck
schwarzer Pfeffer
Salz
Olivenöl

Zubereitung

Für den Teig das Mehl mischen, die Eier dazugeben und rasch zu einem geschmeidigen, glatten Teig kneten, ca. eine Stunde rasten lassen. Die Zutaten für die Fülle gut mischen, in einen Spritzsack geben und im Gefrierschrank ca. eine Stunde rasten lassen.

Den Teig in mehrere etwa 10 cm breite Streifen dünn ausrollen, die Fülle in kleinen Portionen darauf spritzen (Abstand etwa 3 cm) und dazwischen den Teig mit Wasser bestreichen. Alles mit einem zweiten Teigstreifen bedecken, rund um die Fülle den Teig festdrücken und die Taschen in gleichmäßigen Stücken ausschneiden.

Ravioli in Salzwasser 4 – 5 Minuten kochen. In der Zwischenzeit den in feine Streifen geschnittenen Speck mit den Spargelstücken in einer Pfanne mit Olivenöl rasch anbraten. Die gekochten Ravioli darin schwenken, anrichten und mit Pfeffer aus der Mühle bestreuen.

Risotto mit Spargel und Scampi

Zutaten für 4 Personen

150 g grüner Spargel
280 g Scampi, geschält
1 kleine weiße Zwiebel
Gemüsebrühe aus den Spargelschalen
350 g ital. Carnarolireis
1 Glas Weißwein
1 EL Olivenöl
Pfeffer
Salz

Zubereitung

Spargel schälen, aus den Schalen (mit 500 ml Wasser) eine Brühe bereiten.
In einer Pfanne Öl erhitzen, die kleingeschnittenen Zwiebeln und den geschälten, klein geschnittenen Spargel (ohne Köpfe) sowie den Reis dazugeben, kurz anrösten, mit dem Weißwein löschen und salzen.
Sobald der Wein verdampft ist, mit der Gemüsebrühe weiter aufgießen, ständig rühren. Nach etwa 15 Minuten, wenn der Reis bissfest ist, die rohen Scampi und etwas Olivenöl dazugeben, 5 Minuten ziehen lassen.
Die Spargelköpfe in der Zwischenzeit 5 Minuten in Salzwasser kochen und abtropfen lassen.
Risotto anrichten, mit den Spargelköpfen garnieren und etwas schwarzen Pfeffer darüber mahlen.

Frittierter Reis mit Spargel und Huhn

Zutaten für 4 Personen

400 g Basmatireis
200 g Spitzen vom grünen Spargel
120 g Hühnerfilet
2 Eier
1 Zwiebel
2 EL Fischsauce
1 EL dunkle Sojasauce
½ TL Zucker
1 Knoblauchzehe
1 kleine weiße Zwiebel (Jungzwiebel)
3 EL Pflanzenöl
2 frische Chilischoten
1 unbehandelte Zitrone oder Limette

Zubereitung

Den Reis kochen und rasten lassen. (Man kann ihn auch schon am Vortag vorbereiten, er muss auf jeden Fall trocken sein). Die Spargelspitzen 5 Minuten in Salzwasser kochen.
Das Öl im Wok erhitzen, die fein geschnittene Zwiebel und Knoblauch dazugeben, 2 Minuten anbraten.
Das Hühnerfilet in feine Streifen schneiden und in der Knoblauch-Zwiebel-Mischung gut mitbraten. Mit Chili und Salz würzen.
Den Reis und auch die Spargelspitzen dazugeben, mit Fischsauce, Sojasauce und Zucker abschmecken und 3 Minuten ziehen lassen.
Servieren Sie dieses Gericht mit der jungen Zwiebel, den fein geschnittenen frischen Chilischoten und etwas Zitrone oder Limette.

Spaghetti mit Safran, Spargel und Tomaten

Zutaten für 4 Personen

320 g Spaghetti
100 g Spitzen vom weißen Spargel
200 g Tomaten
3 Knoblauchzehen
3 EL Olivenöl
1 TL Basilikumpesto
1 Päckchen Safran (Pulver)

Zubereitung

Spargelspitzen in Stücke schneiden.
In einer Pfanne den Knoblauch mit Safran in Öl anschwitzen, Knoblauch entfernen, Tomatenstücke ins Öl geben, einige Minuten köcheln, dann das Pesto unterrühren.
Pasta al dente kochen, drei Minuten vor Ende der Kochzeit die Spargelstücke dazu geben und mitkochen. Spaghetti mit Spargel abseihen und ins Sugo mischen, kurz ziehen lassen und anrichten.

Spargel in Tempura

Zutaten für 4 Personen

24 Stangen weißer Spargel, geschält und in 5 – 6 cm lange Stücke geschnitten
250 g Mehl
2 Eidotter
500 ml Mineralwasser, prickelnd
Pflanzenöl zum Frittieren
Salz

Zubereitung

2 Esslöffel vom Mehl beiseite geben.
Die Eidotter in einer Schüssel mit dem Mineralwasser mischen, das restliche Mehl und eine Prise Salz dazugeben, alles mit einer Gabel zu einem Teig verrühren. Dieser Backteig sollte gut binden, braucht aber nicht ganz glatt sein. Wenn er zu dickflüssig ist, noch etwas Wasser beigeben.
Das Pflanzenöl in einem Wok (oder einer tiefen Pfanne) erhitzen.
Die Spargelstücke zuerst in Mehl wenden, dann in den Tempurateig tauchen und im heißen Öl backen – etwa 4 Minuten oder so lange, bis die Stücke knusprig sind. Aus dem Öl heben und auf Küchenpapier abtropfen lassen.
Noch heiß servieren.

Calamari mit Spargel-Parmesan-Creme

Zutaten für 4 Personen

für die Creme (die auch zu Fisch- und Fleischgerichten passt):
250 ml Milch
3 EL geriebener Parmesan
200 g grüner Spargel
2 Eidotter
schwarzer Pfeffer, Salz

500 g Calamari, geputzt

Zubereitung

Die geschälten Spargel in Stücke schneiden und in Salzwasser 4 – 5 Minuten kochen, dann in einem Mixglas mit der Milch, dem Parmesan und den Eidottern mixen, mit Salz und Pfeffer abschmecken und auf 90 Grad C erhitzen, danach abkühlen.

Den Tintenfisch (Zimmertemperatur!) auftrennen und ausbreiten, auf beiden Seiten mit Olivenöl einstreichen und in einer heißen Pfanne bei großer Hitze von jeder Seite 2 – 3 Minuten anbraten. Noch warm in feine Streifen schneiden, mit etwas sehr gutem Olivenöl und Salzblüten marinieren. Auf einem Teller zusammen mit der Creme aus Spargel und Parmesan anrichten.

Branzino mit Spargel und Vinaigrette al Cacao

Zutaten für 4 Personen

1 Branzino (Wolfsbarsch),
ca. 1,5 Kilo oder 4 Stücke, schon im Geschäft geschnitten
1 EL Kakaobohnen, zerstoßen
Spargelessig*
200 g weißer Spargel, geschält
Olivenöl
schwarzer Pfeffer
Salz
1 Knoblauchzehe

* Spargelessig ist eine Spezialität von Hans Köstinger und bei ihm direkt zu beziehen (s. Seite 219).

Zubereitung

Vinaigrette aus den zerstoßenen Kakaobohnen, dem Spargelessig, Olivenöl, Salz und schwarzem Pfeffer bereiten.
Den Branzino 20 Minuten im Rohr bei 180 Grad C braten.
Die geschälten Spargel in dünne Längsstücke schneiden, im Salzwasser 5 Minuten kochen, abseihen und in einer Pfanne mit dem Olivenöl und dem darin angebratenen Knoblauch schwenken.
Den Branzino mit dem Spargel anrichten (die knusprige Haut des Branzino nach oben) und mit der Kakao-Vinaigrette marinieren.

Salat von Spargel, Erdbeeren, gerösteten Mandelblättchen und Trüffelöl

Zutaten für 4 Personen

400 g weißer Spargel
200 g Erdbeeren
50 g Mandelblättchen geröstet
Trüffelöl
Salz
Pfeffer
frischer Thymian
2 EL getoastete Weißbrotwürfel

Zubereitung

Den Spargel schälen, in dünne Längsstreifen schneiden und in Salzwasser 3 Minuten kochen, abseihen und abkühlen lassen.
Die Erdbeeren in Stücke schneiden, mit Mandeln, Spargel, Weißbrotwürfeln, Trüffelöl, Salz und Pfeffer mischen, anrichten und mit einem Thymianzweig garnieren.

Schweinskarree mit Spargel

Zutaten für 4 Personen

300 g weißer Spargel
500 g Schweinskarree
1 Zwiebel
½ Glas Weißwein
1 frisches Lorbeerblatt
etwas Mehl
10 g Butter
Salz

Zubereitung

Spargel schälen, in Stücke schneiden und 5 Minuten in Salzwasser kochen, anschließend etwas Spargelwasser auffangen.
Die Zwiebel fein schneiden, in Butter anschwitzen.
Das Karree in sehr dünne Scheiben schneiden, mit etwas Mehl einstauben und mit der Zwiebel anbraten. Mit dem Weißwein löschen.
Wenn der Wein verdampft ist, noch etwas Spargelkochwasser dazugeben und 5 Minuten köcheln lassen.
Die Spargel zum Karree geben, 3 Minuten durchziehen lassen und mit dem Lorbeerblatt servieren.

Eis vom Spargel mit Kürbiskernen und Spargeldestillat

Zutaten für 4 Personen

250 ml Vollmilch
200 g Zucker
4 Eidotter
200 g grüner Spargel, geschält
20 ml Spargeldestillat*
15 g Kürbiskerne, geröstet und kleingehackt
2 Blätter Gelatine, eingeweicht (oder 5 g Agar-Agar in Pulverform)

* Spargeldestillat ist eine Spezialität von Hans Köstinger und bei ihm direkt zu beziehen (s. Seite 219).

Zubereitung

Den Spargel in Stücke schneiden und in Wasser mit einem Teelöffel Zucker 5 Minuten köcheln lassen.
Den Spargel und die übrigen Zutaten (außer der Gelatine) im Mixbecher mixen, alles auf 80 Grad C erhitzen. Eingeweichte Gelatine beigeben, die Masse abkühlen und in die Eismaschine füllen.
Das fertige Eis portionieren.

Torta Mimosa mit Creme und karamellisiertem Spargel

Zutaten für 4 Personen

für das Biskuit:
4 Eier
4 EL Zucker
4 EL Mehl

für die Creme:
500 ml Milch
100 g Zucker
2 Eier
50 g Mehl oder Kartoffelmehl
Vanillezucker
Zitronenschale

für den karamellisierten Spargel:
2 Stangen weißer Spargel
200 g Zucker

Zubereitung

Für das Biskuit Eier mit Zucker schaumig schlagen, das Mehl unterheben und im Rohr 20 Minuten bei 180 Grad C backen.

Alle Zutaten für die Creme mischen und langsam unter ständigem Rühren zum Kochen bringen, vom Herd nehmen und abkühlen lassen.

Das Biskuit in der Hälfte durchschneiden, den Boden mit etwas Spargeldestillat beträufeln, die Creme aufstreichen und mit der zweiten Biskuithälfte bedecken.

Die Spargel mit einem Spargel- oder Sparschäler in lange dünne Streifen schneiden und in den karamellisierten Zucker geben.

Die Torte in Stücke schneiden, anrichten und die karamellisierten Spargelstreifen darüber geben.

SPARGELNOTEN

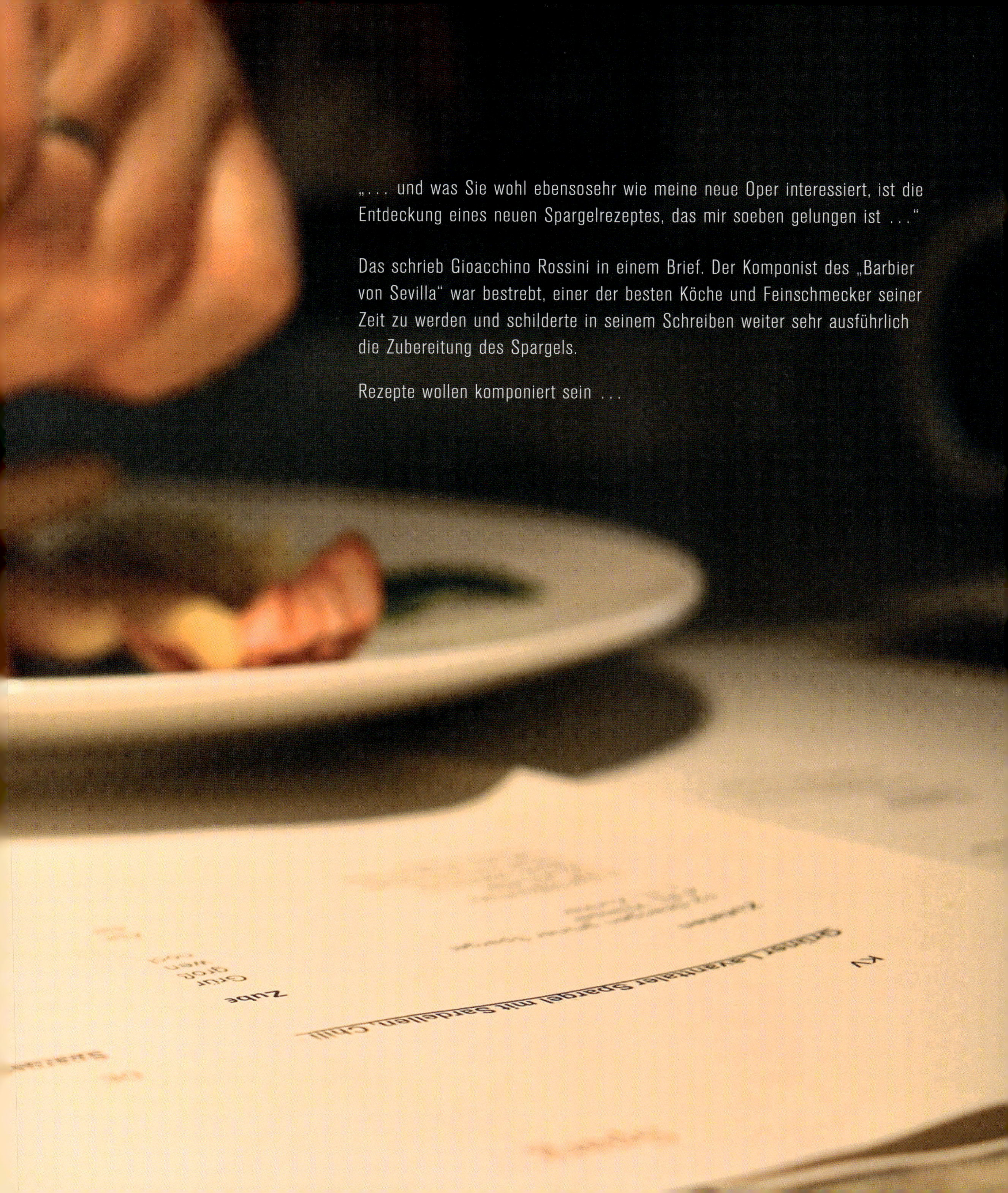

„... und was Sie wohl ebensosehr wie meine neue Oper interessiert, ist die Entdeckung eines neuen Spargelrezeptes, das mir soeben gelungen ist ..."

Das schrieb Gioacchino Rossini in einem Brief. Der Komponist des „Barbier von Sevilla" war bestrebt, einer der besten Köche und Feinschmecker seiner Zeit zu werden und schilderte in seinem Schreiben weiter sehr ausführlich die Zubereitung des Spargels.

Rezepte wollen komponiert sein ...

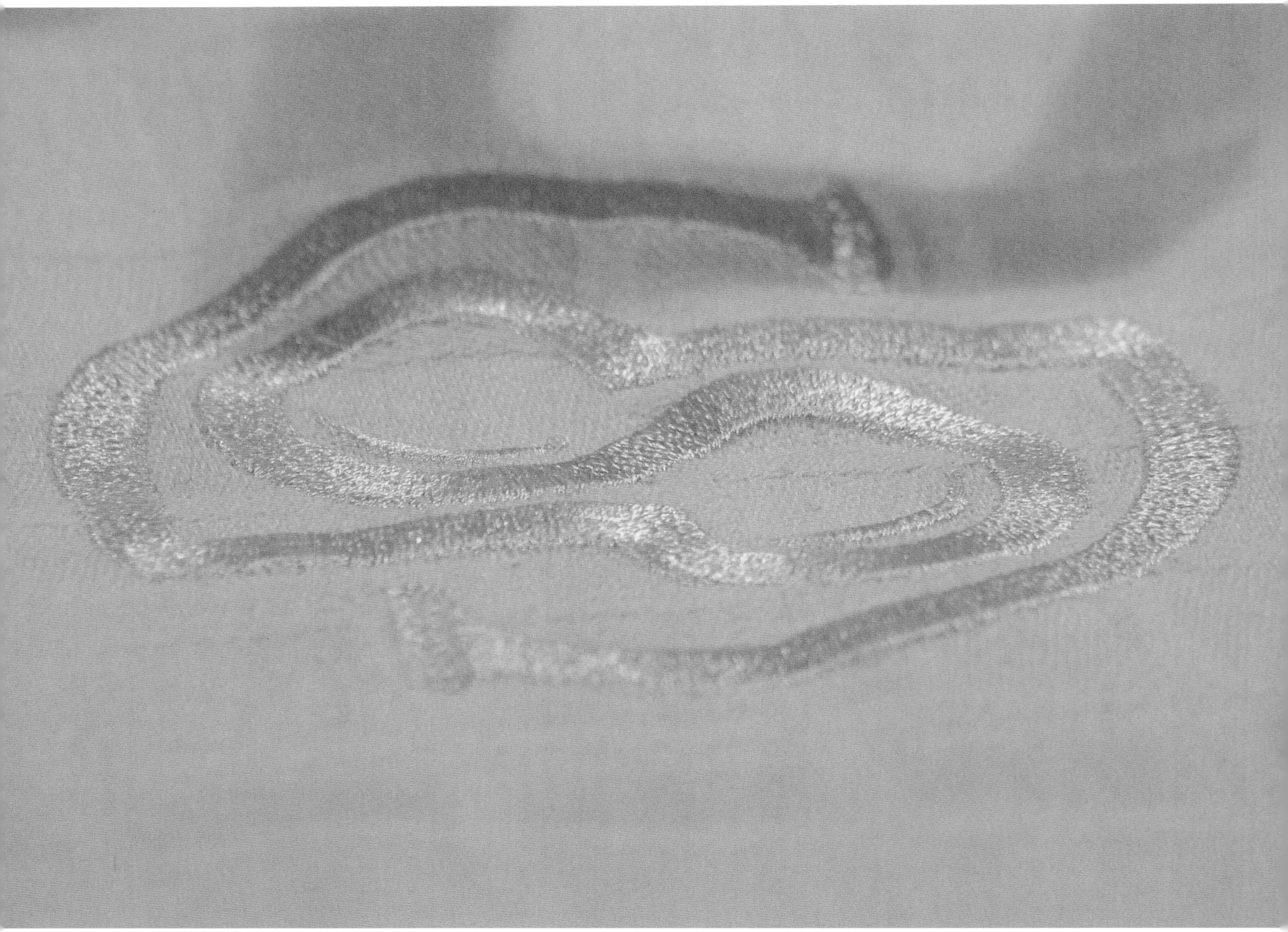

Sissy Sonnleitner

„Die echte Kochkunst
entsteht und lebt im Herzen –
als ein Duft, eine Erinnerung,
ein Gefühl …"

Dieter Müller

Spargelkaltschale

Kalte Vorspeise für 4 Personen

3 Stangen grüner Spargel, gekocht
40 ml Spargel-Kochwasser
100 ml fettfreie Bouillon
wenig Zitronensaft
Salz, wenig Zucker, weißer Pfeffer
frischer Kerbel, eventuell
Zuckermelone

Zubereitung

Alle Zutaten mit zwei Eiswürfeln im Mixer pürieren und durch ein Sieb in ein Glas gießen.
Mit einem Kerbelzweig garnieren.

Nach Belieben kleine Würfelchen von Zuckermelone und gekochtem, grünem Spargel als Einlage geben.

Spargel-Erdäpfel-Salat

KALTE VORSPEISE FÜR 4 PERSONEN

400 g weißer und grüner Spargel
350 g speckige Erdäpfel

2 EL gehackte Schalotten
60 ml Himbeeressig
150 ml Spargelfond
10 grüne Oliven
1 EL gekochte Senfkörner, weißer Pfeffer
3 Sardellenfilets
100 ml Leinöl (ersatzweise Olivenöl)

Schnittlauch, Blattsalate

ZUBEREITUNG

Spargel schälen und kochen. Erdäpfel kochen. In der Zwischenzeit aus den Zutaten von Schalotten bis Pfeffer ein Dressing zubereiten und erwärmen.

Die geschälten Erdäpfel ins Dressing blättern und kurz marinieren lassen. Spargel in 3 cm kurze Stücken schneiden und dazugeben.
½ Stunde ziehen lassen.
Mit Leinöl versetzen und abschmecken.

Auf Blattsalaten anrichten und mit Schnittlauch bestreuen.

Spargelfond

500 g Schalen und Abschnitte vom Spargel
3 Scheiben Weißbrot oder 1 Semmel
evtl. Stängel von Petersilie und Dill oder Bärlauch
Zitronensaft und -schale

Spargel, Weißbrot und Kräuterstängel mit Wasser bedecken und ca. 35 Minuten weichkochen, kurz mixen und passieren.
Mit Zitronensaft und -schale versetzen.

Spargel-Morchel-Salat

Kalte Vorspeise für 4 Personen

8 Stangen grüner Spargel
100 g frische Morcheln
(ersatzweise 10 g getrocknete)
1 EL gehackte Schalotten
100 ml Olivenöl
Salz, weißer Pfeffer aus der Mühle
2 EL Balsamico
gehackter Petersil oder Bärlauch
Maizena (Maisstärke)

Zubereitung

Spargel an den Enden schälen und kochen. In schräge Stücke von ca. 3 cm Länge schneiden. Morcheln trocken putzen und halbieren. (Getrocknete Morcheln werden für ½ Stunde in lauwarmes Wasser gelegt und danach abgeseiht, halbiert und nochmals gründlich gewaschen.) Die Schalotten in Olivenöl anlaufen lassen, Morcheln und Spargel dazugeben, kurz durchschwenken und mit Essig ablöschen. Abschmecken, Petersil oder Bärlauch dazugeben und lauwarm servieren.

Aus dem Fond lässt sich übrigens eine köstliche Sauce zubereiten. Die Flüssigkeit auf ca. 3 Esslöffel reduzieren, mit Maizena leicht binden und mit einem Esslöffel frischer Butter montieren. Zum Salat aber auch zu frischen Nudeln oder Kalbsmedaillons, Schweinsfilet oder Geflügel servieren.

Spargel mit Rucolapesto und Gailtaler Bauerngeselchtem

Kalte Vorspeise für 4 Personen

12 Stangen weißer Spargel

25 g Rucola
25 g Pistazien
½ Knoblauchzehe
15 g Parmesan, gerieben
90 ml Olivenöl
1 Moccalöffel Zitronensaft

8 Scheiben Bauerngeselchtes oder gekochter Schinken
Rucola nach Belieben

Zubereitung

Spargel schälen und kochen.

Für das Pesto die trockenen Zutaten von Rucola bis Parmesan im Küchenkutter mixen. Danach Zitronensaft und Olivenöl dazugeben.

Einen Spiegel aus Pesto auf den Teller setzen, den lauwarmen Spargel und das Geselchte dazugeben und den Spargel mit wenig Olivenöl überziehen.

Nach Belieben mit frittiertem Rucola servieren.

Salat von der Gailtaler Lachsforelle mit Spargel und Schnittlauchpesto

Kalte Vorspeise für 4 Personen

300 g Forellenfilets
300 g grüner gekochter Spargel
100 ml Olivenöl
2 kleine, feinstgehackte Schalotten
2 Scheiben gehackter Ingwer
8 EL Zitronensaft
Salz

für das Pesto:
100 g geschälte Mandeln
1 kleines Bund Schnittlauch
50 ml Milch
1 Moccalöffel Zucker
80 ml Olivenöl
Salz, weißer Pfeffer

Zubereitung

Forellenfilets in ca. ½ cm breite Längsstreifen schneiden. Mit Zitrone und Salz marinieren und ca. 40 Minuten ziehen lassen. Zitrone und Salz bewirken in diesem Fall das „Garen" der Forelle. Olivenöl, Schalotten und Ingwer dazugeben. Spargel in ähnlich große Stäbchen schneiden und im warmen Zustand mit den Forellenstreifen mischen.

Mandeln zerkleinern und mit den übrigen Zutaten im Kutter zu einem Pesto pürieren. Mit dem Salat anrichten.

Varianten:
Statt Schnittlauch Bärlauch verwenden.
Statt Spargel Karotten oder Kürbis verwenden (Karotten gekocht, Kürbis mit Olivenöl und Gewürzen im Ofen gegart).

Grüner Lavanttaler Spargel mit Sardellen, Chili und Zitrone

Kalte Vorspeise für 4 Personen

12 Stangen grüner Spargel
4 EL Wasser
1 TL Zucker

3 Sardellenfilets
50 g Butter
wenig Chilischote
wenig Zitronenschale
Saft von einer Zitrone
weißer Pfeffer

Zubereitung

Grünen Spargel nur an den Enden schälen, in 2 cm große, schräge Stücke schneiden, nur die Spitzen ca. 5 cm lang lassen. In einer weiten Pfanne in Zucker und wenig Wasser weich dünsten. Ein wenig Flüssigkeit soll noch am Spargel sein.

Sardellenfilets zerkleinern, mit der Butter und den übrigen Zutaten gut vermischen und damit die Flüssigkeit vom gedünsteten Spargel montieren.

Süßsaurer Spargel-Melonen-Paprika-Salat

Kalte Vorspeise für 4 Personen

für das Dressing:
40 g Honig
300 ml Orangensaft (4 Orangen)
50 ml Limettensaft (1 Limette)
wenig gehackte Chilischote
200 g Zuckermelone
1 TL Agar-Agar

6 Stangen weißer Lavanttaler Spargel
1 große Paprikaschote grün oder gelb
300 g Zuckermelone
½ rote Zwiebel
wenig geriebener Ingwer
1 Tomate
3 EL Olivenöl
2 EL Balsamico
2 EL Sojasauce

Zubereitung

Honig karamellisieren, mit Orangen- und Limettensaft ablöschen, Chili zufügen und mit Agar-Agar rund 10 Minuten leise köcheln lassen. Mit der Melone mixen und kaltstellen.

Zwiebel, Paprika und Melone in Streifen schneiden. Spargel schälen und kochen und in ca. 5 cm lange Stücke schneiden. Dicken Spargel längs vierteln.

Öl erwärmen (weite Pfanne), Zwiebel und Ingwer anlaufen lassen, Paprika dazugeben, leicht rösten und zum Schluss Melone, Tomate und Spargel unterschwenken. Mit Essig, Soja und dem Honig-Orangen-Melonen-Dressing mischen.

Gebeizter Maibock mit Buttermilchspargel und Erdäpfelkücherl

Kalte Vorspeise für 4 Personen

8 Stangen Spargel, gemischt
250 g aus der Keule vom Maibock
45 g brauner Zucker
30 g grobes Meersalz
3 Wacholderbeeren
3 Pfefferkörner
2 Pimentkörner
gehackter Petersil
Orangenschale
1/8 l Buttermilch
1/8 l Olivenöl
Saft einer halben Zitrone
1 TL Honig, Salz
1 entkernter, geviertelter Apfel
wenig Basilikum
150 g mehlige Erdäpfel
Salz, Muskat
1 Ei
1 EL Dinkelkochmehl
1 EL Sauerrahm
Butterschmalz

Zubereitung

Zutaten von Zucker bis Orangenschale mischen und das Fleisch damit einreiben. Zugedeckt, beschwert ca. 30 Stunden beizen. Zwischendurch wenden.

Spargel nach Bedarf schälen und in Salzwasser kochen.

Alle Zutaten von Buttermilch bis Basilikum mit dem Stabmixer pürieren, den warmen Spargel darin marinieren.

Erdäpfel kochen, schälen und passieren, überkühlen lassen und mit Salz, Muskat, Mehl, Ei und Sauerrahm mischen.
In Butterschmalz kleine Kücherl backen und mit dem dünn aufgeschnittenen Maibock und dem Spargel servieren.

Spargelcremesuppe mit Curry

Zutaten für 4 Personen

300 g Spargelabschnitte
4 Stangen grüner Spargel
2 EL gehackte Schalotten
1 kleine Knoblauchzehe
2 EL Haselnussöl
½ TL Kurkuma
½ TL Curry
125 ml Kokosmilch
500 ml Spargelfond
(Zubereitung s. Seite 128)
1 TL geraspelter Ingwer
Salz, weißer Pfeffer
gehackte Chilischote

Schnittlauch oder Sauerampfer

Zubereitung

Spargelabschnitte in ½ cm dicke Scheiben schneiden. Schalotten, Knoblauch und Ingwer im Haselnussöl anlaufen lassen. Spargelabschnitte dazugeben, mit Curry und Kurkuma leicht anrösten, mit Kokosmilch und Spargelfond aufgießen und weich kochen. Mixen und passieren. Abschmecken.

Ganze Spargelstangen kochen, in Stücke schneiden und als Einlage dazugeben.

Mit Schnittlauch oder Sauerampfer servieren.

Kärntner Hirse-Dinkel-Bärlauch-Nudeln mit Spargelragout

Warme Vorspeise für 4 Personen

250 g Dinkelkochmehl
1/8 l kaltes Wasser
1 EL Olivenöl

für die Fülle:
100 g Hirse geschält
2 EL gehackten Zwiebel
80 g Butter
250 g Bröseltopfen
Salz
3 EL gehackter Bärlauch
2 EL Semmelbrösel
2 EL Sauerrahm

12 Stangen grüner Spargel
400 ml Fond von grünem Spargel
(Zubereitung s. Seite 128)
Salz, Muskat
3 EL Olivenöl
1 EL Zitronensaft
Zitronenschale

Zubereitung

Mehl, Wasser und Olivenöl zu einem festen Teig kneten. In einem Plastiksackerl rasten lassen.

Für die Fülle Hirse in Salzwasser weichkochen, bis die Körner ganz leicht aufplatzen. Zwiebeln in Butter goldgelb rösten und mit den übrigen Zutaten zu einer kompakten Fülle verarbeiten.

Den Teig messerrückendick ausrollen und Kreise von ca. 7 cm ausstechen. Aus der Fülle Bällchen von je ca. 40 g auflegen, den Teig in die Hand legen und mit einem Messer die Fülle flachdrücken, sodass ein Schüsselchen entsteht. Die Ränder zusammendrücken und idealerweise krendeln.

Spargel an den Enden schälen und kochen. In ca. 4 cm lange, schräge Stücke schneiden und in den Spargelfond legen. Mit Salz, Muskat, Zitronensaft und -schale sowie Olivenöl abschmecken.

Nudeln ca. 4 Minuten kochen und mit dem Spargelragout anrichten.

Spargelcarbonara mit Brennnessel-fleckerln

Warme Vorspeise für 4 Personen

1 Bund Petersil
2 Handvoll blanchierte Brennnesseln
100 ml Sauerrahm

75 g der Brennnessel-Sauerrahm-Paste
250 g griffiges Weizenmehl
1 Ei
1 EL Olivenöl

200 g weißer und grüner Spargel
1 TL Kristallzucker
100 ml Wasser

2 EL Gailtaler Speck, in Würfelchen
1 TL Butter
2 Eidotter
100 ml Rahm
Salz, Pfeffer

gehackte Wildkräuter (z. B. Schafgarbe, Wiesenspinat, Bachkresse, Wiesensalbei), ersatzweise Petersil und Schnittlauch

Zubereitung

Petersil, Brennnesseln und Sauerrahm zu einer Paste mixen.

Aus der Brennnessel-Sauerrahm-Paste, Mehl, Ei und Olivenöl einen Teig herstellen und ca. 30 Minuten rasten lassen.
Teig ausrollen und ungleiche Fleckerln radeln oder reißen.
Fleckerln al dente kochen.

Spargel schälen und kochen. In ca. 4 cm lange, schräge Stücke schneiden und in Wasser mit Zucker kernig dünsten. Etwas Flüssigkeit soll noch drauf sein. Fleckerln drunter schwenken.

Speck in Butter ausbraten und leicht überkühlt mit Dotter und Rahm mischen. Salz und Pfeffer dazugeben. Zum Spargel-Fleckerl-Gemisch gießen und kurz erwärmen, aber nicht mehr kochen. Das Gericht soll saftig bleiben.

Mit Wildkräutern bestreuen.

Spargelorzotto mit Gailtaler Speck

Warme Vorspeise für 4 Personen

250 g weißer und grüner Spargel
1 Rippe Stangensellerie

100 g Rollgerste
½ l Spargelfond
(Zubereitung s. Seite 128)
1 EL gehackte Schalotten
1 EL Butter
100 g Gailtaler Speck
Schnittlauch oder Bärlauch
Butter zum Vollenden
Parmesan
Spargelfond zum Verdünnen

Zubereitung

Spargelspitzen abschneiden und kochen. Stangensellerie in ½ cm große Stücke schneiden.

Gerste mit Sellerie in Suppe oder Spargelfond weich kochen. Schalotten in Butter anlaufen lassen, Spargelenden in ca. 1 cm große Stücke schneiden und dazugeben. Zugedeckt weichdünsten. Gerste dazugeben.
Gailtaler Speck in Würfel schneiden und zum Schluss mit den Kräutern und dem Parmesan unterheben. Auf eine cremige Konsistenz achten – mittels Spargelfond, Butter und Parmesan.

Spargel mit Räucherforellendressing und Erdäpfel-Pistazien-Püree

Hauptspeise für 4 Personen

12 Stangen weißer Spargel

2 Räucherforellenfilets
1 kleine, feinstgehackte Schalotte
2 Wacholderbeeren
3 EL Himbeeressig
1 EL gehackter Dill
6 EL Olivenöl

700 g mehlige Erdäpfel
Salz
150 ml Milch
150 ml Rahm
100 ml Olivenöl
Muskat
2 EL gehackte Pistazien

Zubereitung

Spargel schälen und kochen.

Die Haut vom Räucherforellenfilet entfernen und das Filet in ½ cm kleine Würfel schneiden. Wacholderbeeren feinhacken. Mit den restlichen Zutaten zu einem Dressing mischen.

Erdäpfel schälen, vierteln und in Salzwasser weich kochen. Wasser abgießen und Erdäpfel am Herd ausdämpfen. Mit dem Erdäpfelstampfer stampfen. Milch, Rahm und Olivenöl erwärmen und mit der Flüssigkeit und einem Schneebesen das Püree kräftig abrühren. Abschmecken und die Pistazien dazugeben.

Spargel aufs Püree legen und mit dem Dressing übergießen. Mit gehackten Pistazien und eventuell mit getrocknetem Lavendel dekorieren.

Lavanttaler Spargel mit kalter Petersilsauce und pochiertem Ei

Hauptspeise für 4 Personen

500 g weißer Lavanttaler Spargel
Salz

für die Sauce:
60 g trockenes Toastbrot ohne Rinde
2 Bund Petersil, glatt
1 kleine Knoblauchzehe
200 ml Olivenöl
100 ml Spargelfond
(Zubereitung s. Seite 128)

4 Eier
Fleur de Sel

400 g heurige Erdäpfel, gekocht

Zubereitung

Spargel schälen und in Salzwasser weichkochen.

Für die Sauce Toastbrot, Petersil und Knoblauch zerkleinern (vorzugsweise in einem Küchenkutter). Spargelfond und Olivenöl dazugeben und zu einer feinen Sauce pürieren.

Ein passendes Glas mit Küchenfolie auslegen, das Ei hineinschlagen, leicht salzen, die Folie verschließen und das Ei mit Folie (ohne Glas) für 6 Minuten in kochendes Wasser geben. Aus der Folie lösen und zum Spargel geben. Leicht öffnen, damit man den weichen Dotter sieht und mit Fleur de Sel bestreuen.

Spargel lauwarm mit der kalten Sauce und den Heurigen servieren und das pochierte Ei dazugeben.

Grüner Lavanttaler Spargel mit Gailtaler Speck und Haselnusshollandaise

Hauptspeise für 4 Personen

8 Stangen grüner Spargel
Salz

für die Hollandaise:
2 Eidotter
4 EL Spargelfond
(Zubereitung s. Seite 128)
30 g gehackte, geröstete Haselnüsse
150 ml Haselnussöl (vorzugsweise von „Hartls feinste Essenzen")
Salz, Pfeffer
1 EL Balsamico

Gailtaler Speck in dünnen Scheiben

Zubereitung

Spargel an den Enden schälen und in Salzwasser kochen.

Dotter und Spargelfond über Wasserbad schaumig schlagen, bis die Dotter zu binden beginnen. Vom Wasserbad nehmen und das Haselnussöl langsam einschlagen. Die Haselnüsse einrühren und abschmecken.

Mit Speck anrichten.

Spargel mit Gorgonzola, Tomate und Buchweizen

Hauptspeise für 4 Personen

16 Stangen weißer Spargel
100 g Gorgonzola

3 geschälte, entkernte Tomaten in Würfeln
2 EL Olivenöl
1 TL gehackte Schalotten
wenig Knoblauch
Bärlauch oder Basilikum, gehackt
2 EL Balsamico
Salz und Pfeffer

150 g Buchweizen
1 EL Butter
1 kleine gehackte Schalotte
1 EL gehackter Petersil
Salz

Zubereitung

Spargel schälen und in Salzwasser knackig kochen. In eine feuerfeste Form legen, die Enden mit Gorgonzola belegen und unter dem Grill schmelzen lassen.

Die Tomaten mit den übrigen Zutaten marinieren und kalt neben dem geschmolzenen Gorgonzola über den Spargel geben.

Buchweizen in Salzwasser ca. 15 Minuten kochen. Abseihen. Butter und Schalotten anlaufen lassen, mit Petersil und Salz versetzen und zum Spargel servieren.

Spargel mit Rotweineiern und Heurigen

Hauptspeise für 4 Personen

4 Eier

für die Marinade:
30 g feingehackte Schalotten
1 Knoblauchzehe
1/16 l Rotwein
1/16 l Rotweinessig
1/16 l rote Rübensaft
1 Wacholderbeere
5 Pfefferkörner
einige Senfkörner
Salz

50 g Butter
Maizena (Maisstärke)

12 Stangen weißer Spargel
8 mittelgroße heurige Erdäpfel
Fleur de Sel
Olivenöl

Zubereitung

Alle Zutaten für die Marinade aufkochen.

Die Eier hartkochen, die Schalen anklopfen und ungeschält in die Marinade einlegen. 2 Tage durchmarinieren.
Die Marinade abseihen, wenig einreduzieren, mit Maizena binden und mit Butter montieren.

Erdäpfel kochen, halbieren und wenig Fleur de Sel und Olivenöl draufgeben.

Spargel kochen und mit der Rotweinsauce, den geschälten Eiern und den Erdäpfeln anrichten.

Spargel-Spinat-Gratin mit Champignons

Hauptspeise für 4 Personen

200 ml Rahm
2 Eidotter

80 g Butter
2 Knoblauchzehen
1 EL gehackte Schalotte
400 g Blattspinat, blanchiert
8 Stangen weißer Spargel
1 EL gehackte Schalotte
250 g Champignons)

Muskat, Salz, Pfeffer

Zubereitung

Für die Gratinmasse 3 Esslöffel Rahm mit Eidotter verrühren.

Butter, Schalotten und Knoblauch anlaufen lassen, blanchierten Spinat dazugeben und dünsten, bis die Flüssigkeit verdampft ist. Spinat in eine gebutterte Auflaufform geben.
Spargel schälen und kochen. In schräge Scheiben schneiden und auf den Spinat legen. In der „Spinatpfanne" die restlichen Schalotten mit den Champignons anlaufen lassen, salzen, trocken dünsten, mit dem restlichen Rahm aufgießen und einkochen lassen.
Abschmecken. Auf die Spinat-Spargel-Masse geben, mit der Gratinmasse bestreichen und im Rohr bei 200 Grad C gratinieren.

Mit getrockneten Steinpilzen (vorher eingeweicht) ein ganz besonderer Genuss.

Spargel-Schinken-Crespelle mit gebratenem Maibock in Walnusssauce

Hauptspeise für 4 Personen

480 g Maibock aus der Keule
Wildwürze
Salz
3 EL Rapsöl
1 EL Butter
3 EL gehackte Walnüsse
200 ml Wildjus
50 ml Haselnussöl
Maizena (Maisstärke)

für den Crespelle-Teig:
¼ l Milch
100 g Dinkelkochmehl
2 Eier
Salz, Muskat
1 EL gehackter Petersil

Butterschmalz
8 Stangen weißer Spargel
8 Scheiben Schinken

Zubereitung

Maibock mit Wildwürze einreiben und ca. 1 Stunde marinieren lassen. Salzen und in Rapsöl anbraten. Bei 120 Grad C ins Rohr schieben und ca. 30 Minuten garen. Rasten lassen.
Bratensatz etwas ableeren, Butter und kleingehackte Nüsse dazugeben, kurz rösten. Mit Wildjus aufgießen, etwas reduzieren lassen und mit Haselnussöl montieren.
Eventuell mit Maizena binden.

Aus den Zutaten von Milch bis Petersil den Teig für die Crespelle herstellen. Spargel kochen.

Butterschmalz in der Pfanne erhitzen. Für jede der 8 Crespelle einen Schöpfer Teig eingießen und ein Blatt Schinken einlegen. Wenden und fertigbacken. Den warmen Spargel darin einwickeln und sofort mit dem Maibock servieren.

Eventuell Rhabarberkompott dazu servieren.

Mit Lesachtaler Bergkräutern gegarter Spargel auf Erbsenpüree mit „Kärntner Couscous“

Hauptspeise für 4 Personen

400 g ausgelöste Zuckererbsen
2 EL Olivenöl
2 EL gehackte Schalotten
200 ml Spargelfond
(Zubereitung s. Seite 128)
Salz, weißer Pfeffer
wenig Lesachtaler Bergkräuter

200 g „Kärntner Couscous“*
(ersatzweise klassisches Couscous)
200 ml Spargelfond

12 Stangen weißer Spargel, geschält
2 EL Tee von Lesachtaler Bergkräutern
3 EL Olivenöl
100 ml Spargelfond
Salz

3 EL Olivenöl
2 Jungzwiebeln
die Enden der Spargelstangen oder andere Spargelabschnitte
2 EL gehackter Bärlauch

Zubereitung

Schalotten in Olivenöl anlaufen lassen, Erbsen dazugeben, salzen und kurz im eigenen Saft dünsten, mit dem Spargelfond aufgießen und weichkochen. Ein paar Erbsen für die Garnitur herausnehmen, die übrigen pürieren. Abschmecken.
„Kärntner Couscous“ linden (in einem weiten Topf trocken rösten, bis das Getreide zu duften beginnt; entfällt bei klassischem Couscous), mit dem heißen Spargelfond übergießen und 15 Minuten quellen lassen.
Spargel in eine feuerfeste Form legen, mit Olivenöl, Spargelfond und gemörserten Lesachtaler Bergkräutern versetzen, salzen und im Dampfgarer 12 Minuten (je nach Stärke der Stangen) garen.
Jungzwiebel und Spargelabschnitte in dünne Scheiben schneiden und in Olivenöl weichdünsten, „Kärntner Couscous“ dazugeben und noch kurz mitdünsten. Abschmecken und mit frischem Bärlauch oder anderen Kräutern versetzen.
Spargel auf dem Püree anrichten und „Kärntner Couscous“ dazuservieren.

* „Kärntner Couscous“ ist eine Spezialität des Restaurants Kellerwand und dort auch zu beziehen (s. Seite 218).

Spargel-Creme-Brulée mit Gewürzkruste

Dessert für 4 Personen

125 g geschälter weißer Spargel
100 ml Rahm
35 ml Milch

2 Blatt Gelatine
1 Eidotter
20 ml Weißwein
1 Prise Muskatblüte gemahlen

für die Gewürzkruste:
50 g brauner Zucker
1 Moccalöffel Vanillezucker
Kardamom, Zimt, Sternanis und schwarzer Pfeffer zu gleichen Teilen gemörsert

Zubereitung

Spargel 10 Minuten kochen und in Scheiben schneiden.
Im Milch-Rahm-Gemisch mit Weißwein nochmals durchkochen. Gelatine kalt einweichen und mit dem Eidotter und der Muskatblüte dazugeben.
In kleine Förmchen füllen und im Wasserbad im Rohr bei 100 Grad C ca. 30 Minuten garen.

Alle Zutaten für die Gewürzkruste mischen, über die Creme streuen und mit dem Bunsenbrenner karamellisieren.

SPARGELGESCHICHTE

Spargelgeschichte

Es heißt, dass schon vor zwei Jahrtausenden chinesische Gottkaiser ihre Gaumen mit feinsten Spargelgerichten verwöhnten. Auch auf Wandmalereien ägyptischer Königsgräber scheinen Spargelbunde abgebildet zu sein – es ist allerdings möglich, dass diese Bündel Papyrusstängel darstellen sollten. Archäologen entdeckten die Delikatesse außerdem in Malereien bei Assyrern und Babyloniern.

War der Spargel bei den Völkern der frühen Kulturen mitunter in religiöse Motive eingebunden, zeigten Darstellungen im alten Pompeji wohl schon die profanen Tafelfreuden römischer Art.

Spargelgerichte zählten zu den Lieblingsspeisen der römischen Kaiser, Geschmack und Bekömmlichkeit sollen von Augustus sehr gelobt worden sein. Und Lucius Lucinus Lucullus, der römische Senator und Feldherr, war schon 100 v. Chr. ein philosophisch gebildeter Gourmet, der uns die Feststellung hinterlassen hat: „Es kann nur der kochen, dem es gelingt, Spargel ohne Zutat in wonnigster Vollendung aufzutischen ..."

Ob seines Geschmackes oder seiner angeblich aphrodisierenden Wirkung – Spargel war im alten Rom eine begehrte und sehr kostspielige Delikatesse. So teuer, dass sich Kaiser Diokletian um 301 n. Chr. gezwungen sah, den Spargelpreis per Edikt festzusetzen.

Von Rom aus fand der Spargel als Kulturpflanze schließlich seine Verbreitung über das ganze römische Reich. Die Römer ließen ihn sogar im Norden anbauen, um ihn dann nach Rom zu liefern, die Nachfrage war enorm. Die Germanen konnten zu dieser Zeit noch nichts mit dem kultivierten Spargel anfangen, allerdings galt wild wachsender Spargel in diesen Breiten schon als Heilpflanze.

Mit dem Ende des römischen Reiches und dem Abzug der Legionäre verschwand auch der Kulturspargel nördlich der Alpen. Es blieben ein paar Stöcke in Klostergärten, und von dort aus sollte er später wieder neu entdeckt werden.

Etwa ab dem 9. Jahrhundert wurde im Benediktinerkloster St. Gallen in der Schweiz nach römischen Anleitungen Spargel angebaut, vorerst als Heilmittel, kulinarisch wurde er zu dieser Zeit wenig geschätzt. Das änderte sich erst wieder im späteren Mittelalter: „[E]in lieblich speiß für die leckermeüler", preist ihn 1539 Hieronymus Bock in seinem „New Kreuterbuch" und ergänzt, dass der Spargel als wirksame Arznei gegen Fieber und Wassersucht vorzüglich sei.

Der Spargel fand, wohl durch das Wissen um den Anbau in den Klostergärten, zurück nach Rom: Am päpstlichen Hof servierte man Kaiser Karl V. während der Fastenzeit drei verschiedene Spargelgerichte. In Deutschland wurde der erste Spargel Ende des 16. Jahrhunderts an Königs- und Fürstenhöfen aufgetischt. Im Stuttgarter Lustgarten und bald darauf am Niederrhein legte man erste Kulturen an.

Gegen Ende des 17. Jahrhunderts kamen die Franzosen auf den Geschmack: allen voran Ludwig XIV., der sich als großer Freund des Spargels erwies, was in der Folge auch im restlichen Europa zur Beliebtheit der Sprossen beitrug. Von einer richtigen Produktion ist erstmals um 1750 die Rede, zehn Jahre später begann man mit der Kultivierung weißen Spargels. Dieser Bleichspargel war mehr oder weniger ein Zufallsprodukt, weil Tontöpfe – „Tonhauben" – zum Schutz vor Ungeziefer über die Pflanzen mit ihren jungen Trieben gestürzt wurden. Diese neue Methode setzte sich aber durch, später wurden die Tonhauben vielfach durch Erdwälle ersetzt.

Mit den Tontöpfen konnten sich die Produzenten vor allem in Deutschland hervorheben. Dazu kam noch ein Vorteil: Weißer Spargel lässt sich besser konservieren, die Köpfe sind geschlossen und kompakt. Am Beginn des 19. Jahrhunderts wurde der erste Spargel haltbar gemacht, die ersten Konservenbetriebe in Deutschland entstanden um 1840. Damit gelang es, völlig neue Märkte zu erschließen.

In den beiden Weltkriegen war an Spargelanbau nicht zu denken, es galt, dass man vom Spargel nicht satt werde, in diesen Jahren waren andere Lebensmittel dringend gefragt. Nach dem Zweiten Weltkrieg begann der Spargelanbau in vielen europäischen Ländern von Neuem. Noch immer galt Spargel als Luxus. Aber angesichts des wirtschaftlichen Aufschwunges dieser Jahre erlebte das feine Gemüse eine echte Renaissance.

In Österreich wurde der Spargelbau im 19. Jahrhundert im Marchfeld angesiedelt. Doch haben auch hier die Kriegsjahre ihre Spuren hinterlassen, erst ab der Mitte des 20. Jahrhunderts wurden neue Kulturen angelegt, die sich im Lauf der letzten Jahrzehnte entwickelt haben.

In den Kloster- und Schlossgärten dagegen gab es über die Jahrhunderte immer ein paar Spargelstöcke. Bei großen Tafeln in noblen Häusern wurden die Sprossen zu allen Zeiten geschätzt und gern aufgetischt.

In der „Geschichte der Kärntner Landwirtschaft" heißt es in einem kleinen Absatz:
„... Fast jedes Haus im Möllthale hat sein eigenes Hausgärtchen, in welchem die im ganzen Lande gewöhnlichen Küchengewächse, wenn auch in geringer Üppigkeit, doch mit einiger Pflege gut fortkommen. Einer sonderheitlichen Erwähnung würdig ist, daß in der Malnitz der Blumenkohl (Karfiol) zu sehr großen und schmackhaften, bis zum untersten Stengel mürben Rosen anwächst; dass im Schloßgarten zu Trabuschgen vortreffliche Spargel geschnitten werden, und daß im Orte Stall, im Freien Artischoken zur Reife gebracht wurden ..."

SPARGELPFLANZE

Spargelpflanze

Der Name Spargel leitet sich aus dem griechischen „aspáragos", „junger Trieb", ab. „Asparagus officinalis" ist die Bezeichnung für alles, was wir heute als Gemüsespargel kennen.

Ob weiß, grün oder violett, der Spargel gehörte früher zu den Liliengewächsen. Heute bildet er die eigene Familie der Spargelgewächse. Spargel ist eine zweihäusige Pflanze, das heißt, es gibt Pflanzen weiblichen und männlichen Geschlechts. Doch mitunter treten auch einhäusige Pflanzen auf, die sowohl weibliche als auch männliche Blüten ausbilden.

Der Teil der Pflanze, der gegessen wird, ist keine Frucht, sondern der Spross der Pflanze. Ob er weiß ist oder grün, hängt nur mit der Sonne zusammen. Sobald die Köpfe ans Licht kommen, beginnen sie sich zu färben. Erst zartrosa, dann etwas blau und schließlich grün, die Fotosynthese steuert diesen Vorgang. Ob der Spargel weiß oder grün geerntet wird, entscheiden Anbau- und Ernteverfahren.

LEBENSLAUF

Lebenslauf

Die Samen, kleine schwarze Kügelchen, werden im Frühjahr ausgesät. Nach vier bis fünf Wochen entwickeln sich daraus Sämlinge, die wie kleine zarte Bäumchen aussehen und über den Sommer sorgfältig gepflegt und gedüngt werden müssen, damit sie sich im Lauf eines Jahres zu guten Pflanzen entwickeln.

Früher einmal hat fast jeder Bauer seine eigenen Spargelpflanzen produziert, aber die Pflege im ersten Jahr ist aufwendig und die Entwicklung in der Züchtung fortgeschritten. In ganz Europa gibt es derzeit etwa zehn Zuchtbetriebe, die verschiedene Sorten anbieten. Bei ihnen kaufen die Pflanzenproduzenten ein, und diese in Norddeutschland, Frankreich und Holland ansässigen Betriebe beliefern dann fast alle Spargelbauern in Mitteleuropa mit einjährigen Pflanzen.

Im Herbst werden die oberirdischen Teile dieser kleinen Jungpflanzen erst gelb, dann braun und sterben schließlich ab, der Wurzelstock geht in die Winterruhe.

Im darauffolgenden März, bevor die Pflanzen beginnen auszutreiben, werden sie gerodet und an die Spargelproduzenten verkauft. Die haben in der Zwischenzeit ihre Felder vorbereitet, sodass bis Anfang April ausgepflanzt werden kann. Etwa 15.000 Pflanzen pro Hektar in einem Reihenabstand von 1,80 bis zwei Meter. Damit haben die Pflanzen nun ihren Standort für die nächsten acht bis zehn Jahre erreicht.

Damit sich die jungen Kulturen gut entwickeln, müssen sie im Sommer mehrmals gejätet werden. So nimmt kein Unkraut den Spargelpflanzen die Nährstoffe, sie können sich noch eine Saison lang stärken, denn im folgenden Jahr wird geerntet.

Bis sich die unterirdischen Teile einer Pflanze entwickeln und so richtig ausbreiten, dauert es Jahre.

Wenn eine Spargelkultur einmal im Ertrag ist, spielt sich jedes Jahr das gleiche Schauspiel ab: Im Frühjahr wird der Boden um die Wurzelstöcke herum gelockert und bearbeitet, die Erde angehäuft und es wird geerntet. Am Ende einer Saison werden die Erdwälle wieder abgetragen. Noch immer kommen neue Triebe, die den Sommer über auswachsen können. Dort, wo der Spross seine kleinen Schuppen hat, wachsen Äste aus den Stangen. Aus dem glatten weißen und bald grünen Stamm wird ein richtiger Baum, der bis zu zwei Meter hoch werden kann. Dabei entwickelt der Spargel, meist im Juli, kleine unscheinbare weiße Blüten und schließlich, etwa Mitte August, die Früchte: rote Beeren mit einem Durchmesser von etwa 5 Millimetern. Diese leuchtenden Kugeln enthalten die Samen.

Viele Vögel mögen diese Beeren. Und weil nur das Fruchtfleisch, aber nicht die Samen verdaut werden, verbreiten sie so den Spargel. Allerdings sind mit der Zucht von Hybridsorten die Chancen auf „ausgewilderten" Spargel geringer geworden.

Über den Sommer wird aus dem Spargelfeld ein dichter Wald. In dieser Zeit muss Unkraut gejätet werden, ist es doch wichtig, dass keine Schädlinge die Kultur befallen, keine Pilz- oder Rosterkrankungen auftauchen. Und wie schon im ersten Jahr verfärben sich die oberirdischen Pflanzenteile im Herbst und sterben ab. Dieses Spargelkraut wird dann zerkleinert und dient im nächsten Jahr zur Bodenlockerung.

SPARGEL IN DER
UNTERWELT

Spargel in der Unterwelt

Die Botanikerin und Wurzelforscherin Eleonore Kutschera hat im Rahmen ihrer Forschungsarbeit am Pflanzensoziologischen Institut in Klagenfurt die räumliche Ausbreitung von Unkräutern und Kulturpflanzen untersucht. So hatte sie einen Sommer lang gemeinsam mit Monika Sobotik ihre Zelte auf einem unserer Felder aufgeschlagen, ein Ausgrabungszelt über einem Spargelstock aufgestellt und ihn freigelegt. Das Resultat war erstaunlich: Ein bis zwei Meter und teilweise noch tiefer reichen die dickfleischigen Wurzeln einer Spargelpflanze in das Erdreich. Das erklärt, wie der Spargel weitgehend unabhängig von äußeren Einflüssen wachsen kann, warum ihm tiefe Temperaturen im Winter kaum schaden und er Trockenperioden gut übersteht.

Um einen kleinen Eindruck vom „Spargel in der Unterwelt" zu gewinnen, hier ein Auszug aus dem Wurzelatlas, den uns freundlicherweise der DLG-Verlag zur Verfügung gestellt hat; er zeigt, wie man Spargel wissenschaftlich betrachten und genießen kann:

„... Untersucht wurden vor allem Pflanzen des Bleich-Spargels. Jungpflanzen von einer Wuchshöhe von 10 cm haben 4 Keimwurzeln mit einer Länge von 4–22 cm, solche mit einer Wuchshöhe von 14 cm 3 Keimwurzeln und 4 zusätzliche Sproßwurzeln. Die erste Keimwurzel ist bis 35 cm lang, die jüngste Sproßwurzel 6 cm. Bei zweijährigen Pflanzen beträgt die Zahl der Sproßwurzeln 27–37, ihr Durchmesser am Grund 2,2–3,5 mm. Die max. Länge dieser Wurzel liegt bei 60 cm. 6 Jahre alte Pflanzen haben eine Grundachse mit einer Länge von etwa 34 cm und einen Durchmesser bis über 27 mm. Die Zahl der Wurzeln bei einer Pflanze auf tiefgründig feingehaltreichem, gut durchlüftetem, bis in mittlere Schichten nur schwach vergleyten, braunen Auboden beträgt etwa 250, deren max. Länge etwa 200 cm. Nur ein Teil der Wurzeln konnte gezeichnet werden. Einige der Wurzeln dringen entlang oder innerhalb von Regenwurmröhren vorwiegend senkrecht bis über 150 cm in den Boden ein ..."

(7. Wurzelatlas der Kulturpflanzen gemäßigter Gebiete mit Arten des Feldgemüsebaues. Von Lore Kutschera, Erwin Lichtenegger und Monika Sobotik. DLG-Verlag Frankfurt am Main 2009. ISBN 978-3-7690-0708-4, p 147 unter Asparagus officinalis L. Gemüse-Spargel)

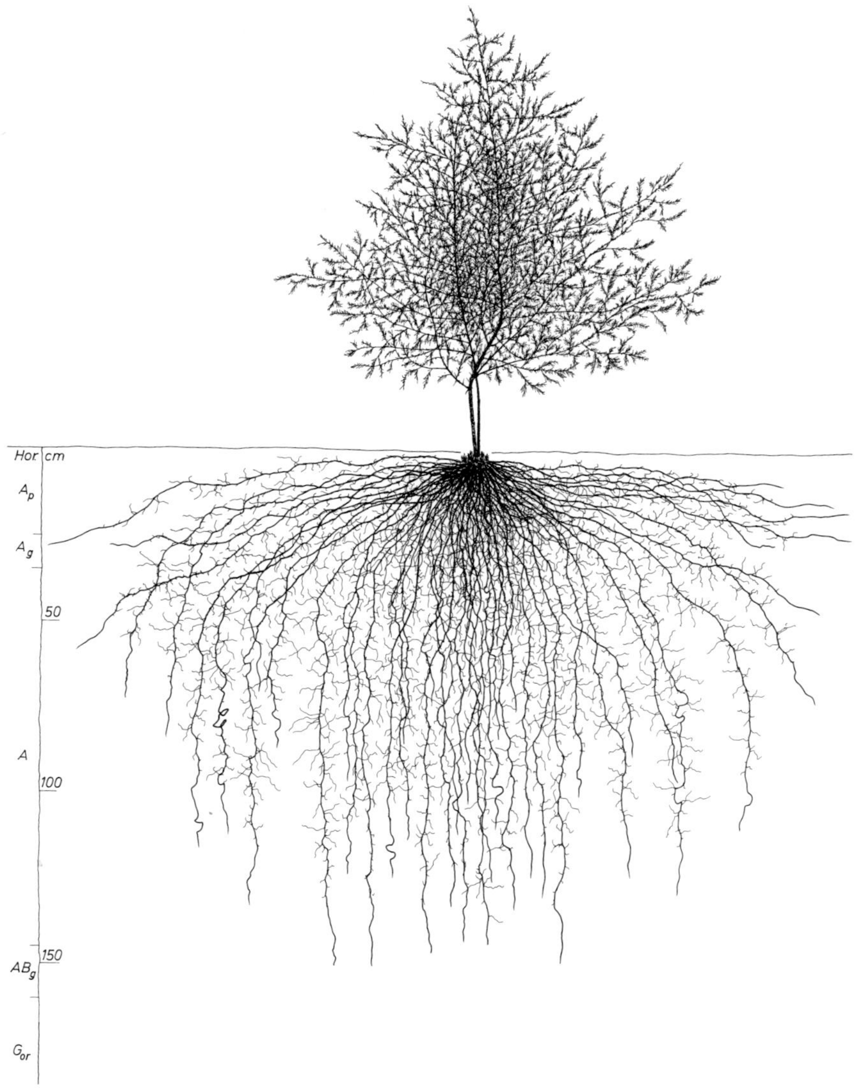

Abb. 7: Gemüse-Spargel, Asparagus officinalis, H-T-S = 130–150–234 cm, Maria Rojach, Kärnten, 445 m NN, 02.10.2003. Tagwasser und grundwasservergleyter Auboden, Bodenprofil Hor.: Ap 0–25 cm humoser lehmiger Schluff, dunkel graubraun (10YR4/2), bis 10 cm krümelig, dann etwas verpreßt, stark durchwurzelt, Ag 25–35 cm h l Schluff, dunkel graubraun (10YR4/2) zum Teil leicht olivgrün angehaucht (2,5Y5/3), dicht, Tagwasserstau, gleyfleckig stark durchwurzelt, A 35–145 cm h l Schluff, dunkel graubraun (10YR4/2) dicht, stark mit Regenwurmröhren durchzogen, gut durchwurzelt, ABg 145–160 cm schwach h l Schluff, dicht, feucht, rostfleckig, Durchwurzelung stark abnehmend und auslaufend, Gor ab 160 cm l Schluff, goldbraun (2,5Y5/2), sehr dicht, feucht, stark rost- und gleyfleckig.

Spargel mit Heizung

Der Spargel ist seinem Wesen nach empfindsam: Ist es zu kalt, wächst er keinen Zentimeter. Sinken die Temperaturen also während der Erntezeit in der Nacht stark oder ist es über zwei, drei Tage anhaltend kühl, drängt er sich nicht gerade an die Erdoberfläche. Also haben wir am Kammerhof vor etwa zwanzig Jahren ein Experiment gemacht:

In der Nähe des früheren Dampfkraftwerkes in St. Andrä haben wir auf einer Ackerfläche von etwa zwei Hektar Heizschlangen in den Boden verlegt, um die Rückwärme aus dem städtischen Heizsystem zu nutzen. Darüber wurden, mit Akazienhölzern als Stützen und Dämmfolien zur Isolierung, Hochbeete angelegt, in die wir dann in sehr geringem Abstand die Spargelpflanzen gesetzt haben.

Bevor das Wasser im Leitungssystem wieder zurück ins Kraftwerk geflossen ist, hat es also den Weg durch den Spargelacker genommen. Zeitig im Frühjahr wurden so die Hochbeete samt Pflanzen erwärmt – und die Sprossen begannen auch sehr früh zu wachsen. Gemessen an den Energiekosten hat sich diese beheizte Kultur aber nicht rentiert, so viel früher konnten wir nicht ernten, es diente im Endeffekt zur Überbrückung der späten Frostnächte im Mai.

Heute wäre diese Variante aus ökologischen und auch ökonomischen Gründen nicht mehr denkbar. Mittlerweile ist aber auch das Bewusstsein gewachsen, dass heimisches Gemüse in jeder Region seine eigene Erntezeit hat.

Spargelpreise

Billiger Importspargel überschwemmt längst die Gemüseregale der Supermarktketten. Daneben ist auch heimischer Spargel zu finden, allerdings zu einem wesentlich höheren Preis. Den Kunden ist das oft schwer erklärbar, aber wer sich einmal die Mühe macht, einen Spargelbauern aufzusuchen, und sich ein wenig genauer informiert, wird feststellen, dass der Preis seine Gründe hat:

Die Anbaubedingungen in unserer Region sind schwieriger als etwa in Peru oder den mediterranen Ländern, wir sind nicht nur den Temperaturschwankungen im Frühjahr ausgesetzt. Bis erstmals geerntet werden kann, dauert es Jahre. Dazu kommt, dass die Böden schwerer zu bearbeiten sind, und dann haben wir in Mitteleuropa viel höhere Lohnkosten und strengere gesetzliche Auflagen und Kontrollen als anderswo.

Als Kinder haben wir gehört, dass ein Kilo Spargel immer so viel gekostet hat wie ein Kilo Butter oder ein Kilo Rindfleisch. Diese Balance ist bis heute – mehr oder weniger – die gleiche geblieben.

KAMMERHOF
Familie JÄGER

SPARGEL WELTWEIT

Spargel weltweit

Der Spargel wächst in vielen Ländern der gemäßigten Klimazone. Das größte Spargelanbauland der Welt ist China, im Jahr 2011 waren es rund sieben Millionen Tonnen, die dort geerntet wurden. Das zweitgrößte Produktionsland ist Peru mit etwa 400.000 Tonnen, gefolgt von Deutschland. Hier wachsen rund 100.000 Tonnen im Jahr. In der Hitliste der zehn großen Produzenten folgen Mexiko, Thailand, Spanien, die USA, Italien, Japan und Frankreich.

In Deutschland liegt die Anbaufläche heute bei rund 24.000 Hektar, dagegen ist die Fläche in Österreich mit 500 Hektar sehr klein. Wenn man aber bedenkt, dass es 1961 nur 35 Hektar waren, wird deutlich, dass sich im Lauf der Jahre doch etwas getan hat.

Bemerkenswert ist auch der Farbwandel, der sich mit der Zeit vollzieht: Noch vor zehn Jahren wurden weltweit zwei Drittel Grünspargel angebaut, weißer Spargel war vor allem in Deutschland, den Niederlanden, Frankreich und Österreich geschätzt. Mittlerweile ist es so, dass sich der Grünspargel in unseren Breiten immer mehr durchsetzt und dafür in den großen Produktionsländern vermehrt auch weißer Spargel angebaut wird.

Der Pro-Kopf-Verbrauch liegt in Deutschland bei 1,6 Kilo, in Österreich sind es dagegen nur 0,6 Kilo. Doch der Verbrauch steigt, das Angebot aus heimischer Produktion reicht nicht aus, es wird sehr viel Spargel importiert. Schon zu Weihnachten kommen die Container aus Peru, danach – wenn die Witterung rund um das Mittelmeer passt, Anfang März – folgen die Importe aus Griechenland, dem Süden Frankreichs und Spaniens.

Alpen-Adria-Kontakte

In den 1970er Jahren gab es am Kammerhof die ersten Kontakte mit den Spargelbauern in Tavagnacco bei Udine. Dort wurde unter ähnlichen Bedingungen wie im Lavanttal schon seit Generationen Spargel angebaut, vor allem auch weißer Spargel. Über viele Jahre pflegten unsere Eltern eine sehr nette und bereichernde Freundschaft zu Bruno und Elena, einem italienisch-deutschen Ehepaar, das der Landwirtschaft in Friaul sehr verbunden war. Es war eine Zeit, in der sich technisch viel entwickelte, eine Zeit, in der man begann, die Spargeldämme zuzudecken, um so bessere Erträge und eine bessere Qualität zu erzielen. Der Austausch hat viel erleichtert, Maschinen wurden in Italien gekauft und für uns war es auch eine Gelegenheit, sich mit anderen Produzenten zu messen. So haben wir an der Mostra mercato dell´Asparago beim Spargelfest in Tavagnacco teilgenommen, unser Spargel aus dem Lavanttal wurde sogar prämiert.

Interessant dabei war, dass der Spargel in Friaul im Allgemeinen gebunden wurde, das heißt, etwa eineinhalb Kilo weißer Spargel gleichen Durchmessers wurde mit einer Schnur, einem Stück Bast oder auch mit frischen Weidenzweigen zusammengebunden. Das klingt ganz einfach, aber so ein „mazzo" ist ein richtiges kleines Kunstwerk, es bedarf einiges an Geschick und Erfahrung, um die Stangen zusammenzuhalten und sie dabei auch noch schön aussehen zu lassen. Wenn wir zum Spargelfest gefahren sind, haben sich geschickte Hände in Tavagnacco gefunden, die auch die „asparagi carinziani" in ein Bund für den Wettbewerb verpackt haben.

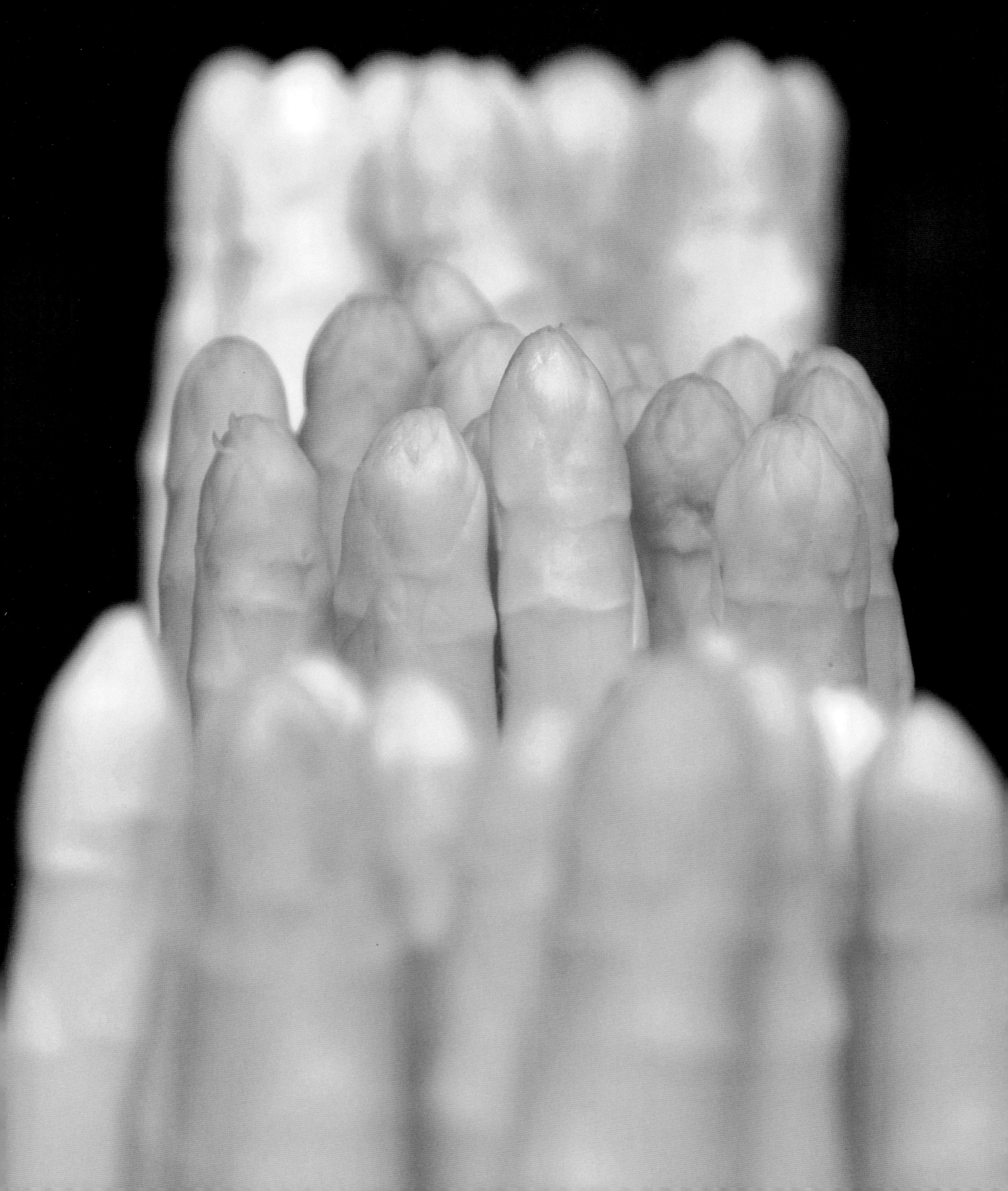

AUSGELIEFERT

Spargel Lavanttal
CHALLENGE
FRANK

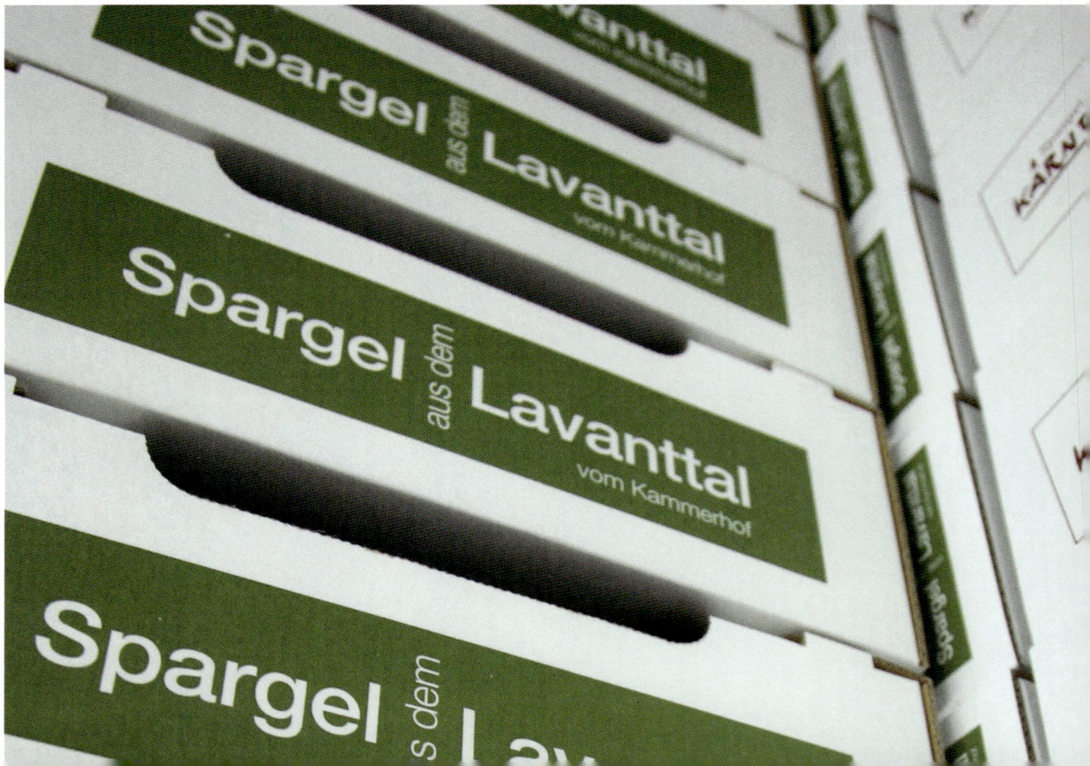
Spargel aus dem Lavanttal
vom Kammerhof

Ausgeliefert

Der Spargel vom Kammerhof hat stets seinen Weg gefunden, hinaus aus dem Tal. Am Anfang in Bananenkartons. In den Geschäften der Gegend haben wir nach diesen leeren Schachteln gefragt. Sorgsam wurden gut zwanzig Kilo eingeschlichtet und die Kartons sorgfältig verschnürt, die Frachtbriefe ausgefüllt, ein kleiner Zettel mit einem großen Glas, das die Zartheit des Packungsinhaltes ausweist, aufgeklebt und ab ging es zur Bahn. Der Bahnhof ist nur ein paar hundert Meter vom Hof entfernt, aber oft sind der Zug und die Mutter mit unserem Lieferwagen gleichzeitig in den Bahnhof eingefahren. Dass der Zug da ein paar Minuten warten musste, um die wertvolle Fracht mit nach Klagenfurt zu nehmen, war keine Seltenheit. Die Mutter hat's dem Bahnhofsvorstand mit einem Lachen gedankt.

Nur einmal die Woche, immer am Freitag, sind die Eltern selber über den Griffner gefahren, um die Spargel zuzustellen. Die Familie Ferra am Klagenfurter Benediktinermarkt war dort unsere erste Abnehmerin. Und jedes Mal, wenn persönlich geliefert wurde, gab es frisches Obst für uns Kinder. Die ersten Erdbeeren, sogar eine ganze Ananas – das war eine Rarität.

Mit der Zeit wurde unsere Ernte nicht mehr in Bananen-, sondern in eigene Spargelkartons verpackt, die Fracht hat der Paketdienst übernommen, der jetzt binnen 24 Stunden nach ganz Österreich, in zwei Tagen bis London und Rom liefert.

SPARGEL IST MEHR

Spargel ist mehr ...

... als eine Saison, eine Jahreszeit, mehr als ein Gemüse, eine Delikatesse. Solange ich denken kann, hat es am Kammerhof ein Vor-/Während-/Nach-der-Saison gegeben. Und so verlockend allerhand Vergnügungen in Kindheitstagen gewesen wären, der Spargel hatte Vorrang. Er macht Mühe, er macht Arbeit und auch Sorge. Aber zu viel war und ist er nie.

Der Spargel hat die Geschicke eines Hofes, einer Familie geleitet, über Generationen. Früher hatten wir am Hof auch noch Rinder und Schweine. Da war es für die Eltern oft schwierig, alles unter einen Hut zu bringen: Morgens und abends die Stallarbeit, die Kühe wollten gemolken, die Schweine gefüttert und die Kälber geboren sein, dazu die Kinder ... und dann war da die Feldarbeit ... Oft haben uns die Leute gefragt, warum wir auch am Sonntag arbeiten – die Mutter hat immer gemeint, der Spargel kennt keinen Sonntag, keinen Feiertag, auch wenn eine Wanderung am ersten Mai ganz nett gewesen wäre.

Wenn wir heute an einem der milden Maiabende über den Hof gehen und von Weitem die Frösche quaken hören, weil sie auf Partnersuche sind, dann erinnere ich mich gerne daran, dass mein Vater immer sagte: Wenn die Frösche musizieren, ist das Spargelmusik, dann wächst der Spargel. Genauso verbinde ich diese Tage mit dem Duft von kleinen rosa Federnelken, die in unserem Hausgarten immer in der Spargelzeit geblüht haben.

Wir haben den Spargelbau in einer Zeit erlebt, in der Qualität noch nicht selbstverständlich war, in der der Preis nicht von uns gemacht wurde. Das hat sich zum Glück geändert. Geblieben ist unser unbeirrbarer Glaube daran, dass wir hier ein Gemüse anbauen, das vielleicht nirgendwo sonst genau diesen einmaligen Geschmack entwickelt.

Und wenn es an den wichtigsten und intensivsten Verkaufstagen im Mai so richtig rund geht und wir alle Hände voll zu tun haben, um die vielen Spargelwünsche zu erfüllen, dann steckt hinter jedem Kilo das Gefühl, dass wir etwas weitergeben, das längst zu diesem Hof, zum Tal, zum Frühling gehört.

vinumpaulinum
DOMÆNE STIFT ST. PAUL
www.vinumpaulinum.com
WELSCHRIESLING
paulinum

SPARGELBEGLEITER

Spargelbegleiter

Produkte, die aus einer Region stammen, die aus einer Gegend „heraus wachsen", passen, so bin ich überzeugt, zusammen. Vorausgesetzt, sie werden sorgfältig hergestellt und erhalten ihren Charakter, wie der Fisch und die Weine, zu deren Produzenten wir enge Kontakte pflegen.

FISCH

Die geräucherten Forellen der Familie Marzi aus St. Marein sind, leicht erwärmt, ausgezeichnete Begleiter zum Spargel. Die Kaiserforelle ziehen viele unserer Kunden mittlerweile dem Lachs vor. Frisch gibt es Saibling.

SPARGELWEIN, SPARGELSCHNAPS, SPARGELESSIG

Hans Köstinger macht im Granitztal jedes Jahr sortenreinen Apfelwein, der hervorragend zum Spargel passt. Wir erwarten schon immer die erste Ernte, damit wir den Wein verkosten können. Nicht zu viel Säure, leicht und fruchtig soll er sein, der Apfelwein von Schweizer Orange, Rosmariner, Glockenapfel ... Obst aus altem Bestand, mit Sorgfalt erhalten und verarbeitet.

Den Essig und den Schnaps – beides aus Spargel gewonnen – verdanken wir auch Hans Köstinger, seinem Fachwissen, seinem Geist und seinem Gespür für Saures und Hochprozentiges.

GenussKrone
Sieger
Forelle zu
Lavanttaler Spargel
Lavanttal
aus dem

Lavanttaler
Wein
zu
Spargel

WEINE

Dass der Wein im Lavanttal und später auch in anderen Teilen Kärnten wieder heimisch werden konnte, ist der Familie Gartner zuzuschreiben. Herbert Gartner hat 1972 die ersten Reben gepflanzt, heute sorgt Sohn Erwin dafür, dass es weitergeht: die uralte Kärntner Weinbautradition zu erhalten, die Lavanttaler Weinlagen zu pflegen und die weinbauliche Familientradition unter dem Schloss Thürn fortzuführen.

Und weil ein Teil unseres Spargels auf den Feldern des Benediktinerstiftes St. Paul wächst, haben wir auch zum Vinum Paulinum eine persönliche Beziehung. Vorzügliche Weine aus der Štajerska, aus der ersten Rebschule von Erzherzog Johann. Sauvignon, Weiß- und Grauburgunder, mittlerweile gibt es auch den Chardonnay aus dem Wolfsberger Weingarten.

Waltraud Jäger

Zwei Köchinnen und ein Krimiautor

„Grüß Gott, Sissy Sonnleitner vom Gasthof Kellerwand in Kötschach-Mauthen am Telefon, könnten Sie mir bitte wieder zehn Kilo Spargel schicken?" Diese grandiose Köchin war uns immer ein Begriff. Beeindruckt von ihrer feinen Höflichkeit und Herzlichkeit, haben wir die Pakete mit großer Freude und Sorgfalt vorbereitet und ans andere Ende unseres Bundeslandes geschickt. Ihre ersten Kochbücher waren längst erschienen (sie haben heute noch den besten Platz in meinem Regal), aber persönlich kennen gelernt hab ich Sissy Sonnleitner erst viele Jahre später, als Radioredakteurin. Für den ORF bin ich nach Kötschach gefahren, um mit einer der herausragenden Köchinnen Österreichs Interviews über regionale Produkte, das Kochen in einer Grenzregion, das Verständnis von Lebensmitteln und den Wert des Kochens zu machen.

Solche Themen und Gespräche sind mir noch einmal im Nordosten Italiens begegnet.

In Triest hab ich den Schriftsteller Veit Heinichen kennen und schätzen gelernt.
Es waren wieder Radio- und Fernsehbeiträge, die am Beginn einer wunderbaren Freundschaft standen. Über zwölf Jahre müssen es jetzt her sein, Veit hatte gerade seinen ersten Roman veröffentlicht. Dass er Norbert Janesch und mir zwei Jahre später Ami Scabar vorstellen würde, wussten wir zu diesem Zeitpunkt alle noch nicht. Dass wir mit dieser exzellenten Köchin eine ganze Region kennen lernen durften, die uns immer wieder mit eigenwilligen Menschen und ihren herausragenden Produkten überrascht, empfinden wir als Geschenk. Ami versteht es, andere Wege zu gehen, in Pfannen und Kochtöpfe Neues hinein zu denken. Unbeirrbar, im Bewusstsein um Qualität, mit dem Wissen um die Mittel zum Leben.

Ein Buch möcht ich noch schreiben, hab ich mir gedacht. Über unseren Spargel am Kammerhof. Mit Menschen, die mein Verständnis um die Lebensmittel und deren sorgsame Produktion und Verarbeitung teilen.

Dass es zwei Köchinnen zwischen Alpen und Adria geworden sind, ist zum einen eine Freude, andererseits spannt es einen Bogen über Jahre unserer Arbeit unabhängig voneinander.

Dass sich damit nicht ein Kreis, sondern ein Dreieck zwischen Triest, Kötschach-Mauthen und dem Lavanttal schließt, ist ein schönes Symbol.

Dass ein Krimiautor ein Vorwort schreibt, macht ein kulinarisches Thema in vieler Hinsicht spannend.

Dass die Fotos, die Norbert Janesch über viele Jahre gemacht hat, ihren richtigen Platz und damit viel Bewunderung finden, dafür ist es Zeit.

Das ist das Buch, das ich meiner Familie widme.

Adressen

Kammerhof
Spargel aus dem Lavanttal
Familie Jäger
Höfern 4
9433 St. Andrä
+43 (0) 4358 2259
www.spargel-lavanttal.at

Sissy & Stefanie Sonnleitner
Landhaus, Restaurant, Genusswerkstatt
Mauthen 24
9640 Kötschach-Mauthen
+43 (0) 4715 269
www.sissy-sonnleitner.at

Ristorante Scabar
Erta di Sant'Anna, 63
34149 Trieste
+39 (0) 40 810368
www.scabar.it

Forellenzucht Gerhard Marzi
Völking 4
9431 St. Marein
+43 (0) 4352/81165
www.marzi-forellen.at

Hans Köstinger
Gönitz 1
9470 St. Paul
+43 (0) 4357/3585
www.mostbarkeiten.at

Weinbau Familie Gartner
Schießstattstraße 26
9433 St. Andrä
+43 (0) 4358/55292
www.weinbaugartner.at

Vinum Paulinum
Benediktinerstift St. Paul
Hauptstraße 1
9470 St. Paul
+43 (0) 4357 2019-30
www.vinum-paulinum.at

Rezeptregister Ami Scabar

Rezeptregister Sissy Sonnleitner

Foto: Gerhard Kampitsch

Die Autorin

Waltraud Jäger ist mit dem Spargel am Kammerhof im Lavanttal aufgewachsen. Seit 1989 Redakteurin im ORF Landesstudio Kärnten. Neben Radio- und Fernsehberichten in verschiedenen Fachbereichen gehört der wöchentliche Marktbericht zu ihren Aufgaben – eine große Aufmerksamkeit gilt dabei heimischen Produkten hervorragender Qualität.

Foto: Gerhard Kampitsch

Der Fotograf

Norbert Janesch ist seit vielen Jahren Kameramann und Bildmeister. Nach Fotoserien für Kochbücher und einem Bildband über den Benediktinermarkt in Klagenfurt sind über Jahre und Jahreszeiten die Spargelfotos im Lavanttal entstanden.